Über dieses Buch

Wie wird die Adlersche Individualpsychologie bei der Deutung und Diagnose von seelischen Erkrankungen praktiziert?
Dieses Buch zeigt beispielhaft das Vorgehen Adlers an einer einzigen Krankengeschichte. Es handelt sich dabei um einen autobiografisch überlieferten Fall einer jungen Wienerin, die Adler nie zu Gesicht bekommen hatte.
Das Buch fußt auf acht Vorlesungen der Wiener Abteilung des »Internationalen Vereins für Individualpsychologie«, in denen Adler diese Krankengeschichte verlas, um jede spezifische Wendung, jedes bezeichnende Detail zu analysieren. Dabei demonstriert er, wie vorsichtig alles theoretische Wissen in einem konkreten Fall angewendet werden muß, aber auch, wie die Gefahr, durch allzu systematisches Vorgehen die Gesamtpersönlichkeit aus dem Auge zu verlieren und so nur Einzelerkenntnisse zu erhalten, vermieden wird.

Der Autor

Alfred Adler wurde 1870 in Wien geboren. Er entschied sich früh für den Arztberuf, den er dann lange Jahre in Wien ausübte. Sigmund Freud forderte ihn 1902 auf, seiner Studiengruppe beizutreten; im Laufe der gemeinsamen Arbeit entwickelte Adler aber seine eigenen Ansichten, so daß es 1911 zu einem offenen Bruch zwischen den beiden kam. Adler begründete nun seine eigene Auffassung der Individualpsychologie, mit einer eigenen Schule und einer eigenen Zeitschrift. Ab 1925 reiste er häufig nach Amerika, wo er sich 1935 endgültig niederließ. Hier fand seine Psychologie große Beachtung und Anerkennung bis in die Gegenwart. Während einer Vortragsreise starb Alfred Adler 1937 in Aberdeen.
Von Alfred Adler erschienen außerdem im Fischer Taschenbuch Verlag: *Menschenkenntnis* (Bd. 6080), *Über den nervösen Charakter* (Bd. 6174), *Der Sinn des Lebens* (Bd. 6179), *Individualpsychologie in der Schule* (Bd. 6199), *Heilen und Bilden* (Bd. 6220), *Praxis und Theorie der Individualpsychologie* (Bd. 6236). Weitere Neuausgaben der Werke Alfred Adlers werden vorbereitet.

Alfred Adler

Die Technik der Individualpsychologie

Erster Teil

Die Kunst, eine Lebens- und Krankengeschichte zu lesen

Mit einer Einführung von Prof. Dr. Dr. h. c. Wolfgang Metzger

Fischer
Taschenbuch
Verlag

Fischer Taschenbuch Verlag
September 1974
Ungekürzte Ausgabe
Umschlagentwurf: Jan Buchholz/Reni Hinsch
Fischer Taschenbuch Verlag GmbH, Frankfurt am Main
Lizenzausgabe mit freundlicher Genehmigung
des Estate of Alfred Adler, New York

Gesamtherstellung: Hanseatische Druckanstalt GmbH, Hamburg
Printed in Germany
ISBN 3 436 01967 4

Inhalt*

* Die Kapitelüberschriften in eckigen Klammern wurden von Herrn Professor Metzger hinzugefügt.

Einführung

Die Technik der Individualpysychologie sollte nach Adlers ursprünglicher Absicht aus drei Teilen bestehen:
Der erste Teil, ›Die Kunst, eine Lebens- und Krankengeschichte zu lesen‹, erschien 1928.
Der zweite Teil, ›Die Seele des schwererziehbaren Schulkindes‹, folgte 1930.
Der dritte Teil, der ›Die allgemeine und spezielle Diagnostik‹ sowie ›Die Technik und die Stellung des Beraters‹ zusammenfassend behandeln sollte, ist nie erschienen.
Die zwei vorliegenden Teile stimmen darin überein, daß sie – abgesehen vom letzten Kapitel des zweiten Bandes – ausschließlich Fallbesprechungen enthalten. Sie unterscheiden sich aber in mehreren Hinsichten; zunächst im Hinblick auf die behandelten Fälle: Im ersten ist von der Ausbildung einer schweren Zwangsneurose die Rede, im zweiten von kindlichen und jugendlichen Vorformen der Neurose in den verschiedenen Arten der »Schwererziehbarkeit«, wie sie in den (von Adler in Wien gegründeten) Erziehungsberatungsstellen tagtäglich vorgestellt wurden. Aber noch ein zweiter Unterschied fällt ins Auge: Der erste Band beschäftigt sich ausschließlich mit der *Diagnose*, mit der Bestimmung und Klärung des Krankheitsbildes. Zur Frage der Behandlung findet sich nur ein flüchtiger Hinweis auf der drittletzten Seite (S. 148). Er besteht in der Bemerkung, man müsse den »ganzen Lebensstil in Angriff ... nehmen und ... ändern«, und dies könne nur dadurch geschehen, »daß man das Gemeinschaftsgefühl des Kranken stärkt«. Wie das geschehen könne, darüber fehlt jede greifbare Anweisung. Dagegen enthält der zweite Teil, über die Beiträge zur Diagnose hinaus, eine Menge von zum Teil wörtlichen Berichten über den Umgang mit entwicklungsgestörten Kindern und ihren Eltern im Rahmen der Erziehungsberatung.
Ganz frei von praktischen Ratschlägen ist übrigens auch der erste Band nicht. Doch diese Ratschläge beziehen sich – von der angeführten Andeutung abgesehen – auf die Möglichkeiten der Vorbeugung und Verhütung von Fehlentwicklungen der beschriebenen Art durch das in der Kindheit im Elternhaus herrschende pädagogische Klima – worauf wir unten noch kurz zurückkommen.

Der Titel des ersten Teiles könnte auch lauten: »Lebensbeichte einer Zwangskranken«. Es ist die Selbstschilderung einer jungen Wienerin, der Tochter eines kleinen Schneiders mit wechselnden Einkommensverhältnissen, der während des Ersten Weltkriegs – man kann wohl sagen: aus übertriebener Anständigkeit – vollends verarmte. Die Schilderung beginnt mit den ersten, teils echten, teils vermeintlichen Kindheitserinnerungen und bricht ab mit dem Tod des Vaters, kurz vor ihrem 18. Geburtstag. Sie muß ziemlich bald danach verfaßt worden sein. Darauf läßt die Lebendigkeit und Unmittelbarkeit der Darstellung ebenso schließen wie das Fehlen jeglicher Andeutung über weitere Schicksale nach dem Verlust des Vaters. Adler hat die Verfasserin nie gesehen. Nach der Versicherung des Übermittlers der Niederschrift, die er »als interessante Leistung eines begabten Mädchens« bezeichnet, ist nur Unwesentliches geändert worden. Über Art und Umfang der Eingriffe scheint er sich nicht geäußert zu haben. Doch scheint Adler der Ansicht gewesen zu sein, daß diese Eingriffe nur die Ausdrucksweise betrafen, aber den Inhalt unberührt ließen. Nach dem, was wir aus dem Bericht selbst über den Bildungsgang seiner Verfasserin erfahren, stellt er eine erstaunliche schriftstellerische Leistung dar, die auch dadurch nicht viel glaubhafter wird, daß sie einige Zeit zuvor nach mißlungenen Versuchen bildlicher Darstellung unzweideutiger erotischer Szenen beschloß, »lieber eine Geschichte zu schreiben«, daß also eine gewisse Vorübung stattgefunden hatte. Man kann danach die Vermutung wagen, daß es ich tatsächlich um einen *mündlichen* Bericht handelte, der von einem schriftstellerisch geübten Zuhörer so getreu wie möglich, wahrscheinlich in Kurzschrift, festgehalten und dabei vor allem auch aus einer zweifellos stark wienerisch gefärbten Ausdrucksweise ins Hochdeutsche übertragen wurde. Zu einem Bericht aus dem Stegreif würde es auch stimmen, daß auf die Einhaltung der Zeitfolge kein großes Gewicht gelegt wird und der Leser sich oft vergeblich nach dem Alter fragt, in dem ein bestimmter Vorfall sich abgespielt haben soll. Doch müssen das Vermutungen bleiben, die sich heute nicht mehr sichern lassen.

Der Lebensbericht ist in dem Buch wiedergegeben, wie er in einem vorausgegangenen Seminar verlesen wurde, völlig durchwoben von Zwischenbemerkungen – bis zu zehn auf einer Seite –, wie sie der Therapeut beim Anhören seiner Patienten für sich selber macht. Es handelt sich nicht ausschließlich um Deutungen. Dazwischen erscheinen auch theoretische, methodische, pädagogische Einfälle und Erwägungen, Hinweise auf vergleichbare Fälle, Auseinandersetzungen mit abweichenden Theorien, bis hinunter zu einfachen Gefühlsäußerungen. Der Berichterstatter veranschaulicht auf diese Weise, wie er, tastend und ständig sich selbst berichtigend, versucht, zu einem in sich geschlossenen Gesamtbild der Persönlichkeit und ihres Lebensstiles in seiner Entwicklung zu gelangen.

Man ist immer wieder überrascht, mit welcher Kühnheit Adler schon aufgrund halber Sätze des Patienten zu sehr bestimmten Annahmen übergeht. Man ist versucht, seine Deutungen voreilig zu nennen, bis man bemerkt, daß er nicht nur den guten Vorsatz hat, sondern tatsächlich bereit ist, jede Deutung zurückzunehmen oder abzuändern, sobald sich im weiteren Verlauf Äußerungen ergeben, die nicht mit ihr vereinbar sind. Was der Leser hier miterlebt, ist nicht Leichtsinn, sondern die entschlossene Anwendung des Freudschen Satzes, daß auch im Seelischen nichts zufällig geschieht, und am allerwenigsten an so hervorstechenden Stellen wie dem Beginn einer Selbstdarstellung. Im ersten halben Satz tritt *der Vater* auf, der sich tatsächlich im weiteren Verlauf als die Schlüsselfigur im Leben dieses Mädchens herausstellt. Im zweiten Halbsatz folgt *eine Frage* des Vaters, durch die er seine Tochter geradezu ermuntert, in völlig unkindlicher Weise bei sich selbst nach irgendwelchen Beschwerden zu suchen. Diese Frage hat er nach ihren Angaben *oft* gestellt, und sie ist das erste, was ihr von ihm einfällt. Das ist der Ausdruck der äußersten denkbaren Verhätschelung und damit des Ursprungs allen Unheils, das im folgenden abrollt. Die Kühnheit der Deutung hat sich bewährt. Im Entscheidenden brauchte diesmal nichts zurückgenommen zu werden. Wer den Bericht im ganzen überblickt, versteht auch, warum Adler ihm solche Bedeutung, geradezu als Paradefall, zuspricht: Man muß ihm beipflichten, wenn er bemerkt, der Bericht wirke immer wieder wie die Konstruktion eines Theoretikers, der mit dem individual-psychologischen Ansatz vollkommen vertraut ist, mindestens soweit er sich auf die Entstehung und die Natur der Zwangsneurose bezieht. Es ist faszinierend, zu sehen, mit welcher Selbstverständlichkeit sie bei allen Nöten, die ein gemeinsames Zupacken der ganzen Familie erfordern, allein als kühle Zuschauerin danebensteht; wie dieses »hilflose Opfer eines unbegreiflichen Verhängnisses« alle Mitglieder ihrer Familie zu einem Hofstaat, einem Gefolge, zu ihren gehorsamen Sklaven macht: »Der Vater mußte ...«, »die Mutter mußte ...«, »die Schwester mußte ...«, »meinen Angehörigen erlaubte ich nicht ...«; und mit welchem wüsten Toben derjenige von ihr zur Ordnung gerufen wird, der einmal eine seiner »Pflichten« vergißt oder nicht erfüllen kann; wie sie den Bewegungsspielraum, den sie für sich festsetzt, konsequent immer weiter verkleinert; wie ihr alle sich anbahnenden *Liebesbeziehungen* nur dazu dienen, bei einem dritten Neid oder Bewunderung zu erwecken, aber zugleich den Partner an der Nase herumzuführen, und sobald sie ernst zu werden drohen, durch einen neuen Anfall abgeschnitten werden; wie alle ihre Mädchenfreundschaften durchtränkt sind von boshaften Schädigungsabsichten, indem sie heimlich jede einzelne ihrer Freundinnen in das Unglück zu stürzen sucht, das sie durch ihre Zwangshandlungen von sich selbst abzuwenden versucht; wie sie es mit einer Berufstätigkeit nach der anderen versucht, aber jedesmal sogleich wieder aufgibt und einen Vorwand findet, sich zurückzuziehen und auf Kosten ihrer Familie weiterzuleben, sobald es sich herausstellt, daß auch dieser Beruf gewisse Anstrengungen, z. B. Ausdauer, fordert oder sonstige Unannehmlichkeiten mit sich bringt, jedesmal getreulich unterstützt von beiden Eltern, die selbst der erwachsenen Tochter gegenüber aus ihrer Verwöhnungsrolle nicht mehr herausfinden.

Was ist aus Adlers Bemerkungen über die Entwicklung seiner Lehre zu entnehmen?

An einigen Stellen macht sich immer noch seine Herkunft von der Erbsündenlehre bemerkbar, die für Freuds Ansatz grundlegend war und geblieben ist, aber in Adlers Lehre um so mehr zum Fremdkörper wird, je mehr das Gemeinschaftsgefühl in ihren Mittelpunkt rückt. So vermutet er, die auffallende Liebe vieler Kinder zu Tieren komme daher, daß man sie so schön herumkommandieren und sich dabei *als Herrscher fühlen* kann; und daß *alle* Kinder so unglücklich sind, wenn ihre Eltern sich streiten, glaubt er daraus verständlich machen zu können, daß sie sich, solang der Streit dauert, aus ihrem Platz *im Mittelpunkt* der ganzen Familie *verdrängt* fühlen. — In beiden Fällen scheint mir Adler das Verhalten *fehlentwickelter* Kinder im Auge zu haben. Er beschreibt in dem einen Fall das Verhalten eines herumkommandierten, im anderen das eines verzärtelten Kindes, das auf dem Weg zur Neurose schon ziemlich weit fortgeschritten ist. Obwohl bei dem immer noch trübseligen Zustand der häuslichen Erziehung in unserer Gesellschaft beides sicher häufig ist, kann weder das eine noch das andere als normal betrachtet werden. Man wird in beiden Fällen nach bestätigenden Merkmalen suchen müssen. Im ersten Fall nach Merkmalen für Machtgelüste — denn warum sollte es sich nicht um eine schlichte Zuneigung aus einem Überfluß an Zärtlichkeit handeln? Im zweiten Fall müßten Merkmale gefunden werden für den Anspruch, Mittelpunkt zu sein. Es gibt da Hinweise, die bei aller Unscheinbarkeit völlig eindeutig sind; so, wenn die Heldin dieses Berichts nach der Heimkehr eines verreisten Familienmitglieds bemerkt: »Nun waren wieder alle« — beisammen? — nein:

»*um mich* versammelt.«[1] Ein gut gehaltenes und unverzärteltes Kind weiß, daß seine Eltern, auch wenn sie *nicht* streiten, durchaus nicht immer zu seiner Verfügung stehen. Der Kummer und das Entsetzen bei ihrem Streit muß also *bei ihm* andere Gründe haben.

Auch in diesem Buch finden sich wiederholt Hinweise auf die vermutliche Rolle von Organminderwertigkeiten. Überschaut man aber den Lebensbericht im ganzen, so wird deutlich, daß sie in diesem Leben weder eine auslösende noch eine tragende Rolle gespielt haben. Ihre Wirkung beschränkt sich auf Einzelheiten und zweitrangige Züge, wie die Wahl einiger Symptome. Von den Voraussagen, die auf sie begründet sind, geht kaum eine in überzeugender Weise in Erfüllung — im Gegensatz zu den Voraussagen aus dem Ort und der Lage der Patientin im Spannungsfeld der Familie.

Bemerkenswert ist, besonders wenn man sie mit pädagogischen Modeströmungen der Gegenwart vergleicht, die großzügige Stellungnahme zu allerlei erzieherischen Bedenklichkeiten. Was schadet es einem Kind, wenn es sich in ein Variété schleicht und zu Hause die zweifelhaften Schlager zum besten gibt, die es dort gehört hat? Ist die semesterlange geschlechtliche Aufklärung durch Sachverständige wirklich soviel besser als das Getuschel an der Straßenecke? Was schadet dem Kind der vorübergehende Glaube an gütige Märchenfiguren, wie den Nikolaus, das Christkind und den Osterhasen, solang sie nicht als Schreckgespenster und Buhmänner mißbraucht werden? Was schadet es ihm, eine Meinungsverschiedenheit der Eltern mitzuerleben, wenn sie in halbwegs gesitteten Formen ausgetragen wird? — »Es kommt nicht [so sehr] darauf an, was vor sich geht, sondern daß das Kind *mit der Umgebung verwächst*«, so daß es Gemeinschaftsgefühl entwickeln kann. Wenn es »*richtig verbunden*« ist, kann ihm dies und anderes nichts anhaben, seine Entwicklung nicht stören.

Dem Zusammengehörigkeitsbewußtsein wird eine immer entscheidendere Bedeutung für die normale Entwicklung des Kindes zugemessen.

Im Zusammenhang mit der Erörterung der zentralen Rolle des Gemeinschaftsgefühls meldet Adler gegen Erik Fromms Ansatz vorweg Bedenken an. Er betrachtet die Beschäftigung des Menschen mit der Entwicklung seiner eigenen Persönlichkeit also *nicht* als den geeigneten Weg zur Lösung der Lebensprobleme, sondern als Ausdruck eines »außerordentlich vergrößerten Geltungsstrebens«.

Freilich, das Verhältnis zwischen dem Streben nach persönlicher Überlegenheit und dem Gemeinschaftsgefühl ist auch

[1] Vergleiche auch das Kapitel ›Ein Mädchen beschreibt ihr Büro‹ in: Max Wertheimer, *Produktives Denken*, Frankfurt 1957.

auf dieser Stufe der Entwicklung von Adlers Lehre noch offen. Denn das Ziel der Überlegenheit selbst *kann* man nicht nur »auf der unnützlichen Seite des Lebens« zu erreichen suchen — zum Beispiel indem man (als wehleidiger Kranker) auf *Kosten* seiner Schwester lebt, sondern auch »auf der *Seite des* [*allgemein*] *Nützlichen*«, beispielsweise indem man zum Lebensunterhalt seiner (notleidenden) Schwester *beiträgt* und ihre Abhängigkeit von sich selber auf diese menschenfreundlichere Weise genießt. Man *kann* also sich *gemeinschaftsfördernd* verhalten, ohne das Ziel der persönlichen Überlegenheit aufzugeben. — Sollen wir diese Haltung, in der das Gemeinschaftsgefühl nur als gelegentlicher *Begleiter* des Überlegenheitsstrebens auftritt, als den Normalfall seiner Wirksamkeit betrachten? Oder nur als *Vorstufe* einer Haltung, in der die persönliche Überlegenheit über andere Menschen aufgehört hat, ein erstrebenswertes Ziel zu sein, und das Verhalten im großen ganzen vom Gemeinschaftsgefühl allein gesteuert wird?

Bebenhausen, den 2. März 1974 Wolfgang Metzger

Vorwort

Oft und oft trat die Aufforderung an mich heran, die Grundzüge der Technik individualpsychologischer Behandlung, wie ich sie seit mehr als 20 Jahren übe, den weitesten psychiatrischen und pädagogischen Kreisen auseinanderzusetzen. Was mich bisher davon abgehalten hat, war die Schwierigkeit, das immer einmalige Gestalten, das jedem Einzelfall gerecht zu werden versucht, in Formeln oder Regeln einzufangen. Doch konnte ich mich der Berechtigung des Verlangens nicht entziehen, den Einblick in die Werkstätte der Individualpsychologie namhaft zu erweitern.

Bisher konnte diese Technik bloß in den zahlreichen individual-psychologischen Beratungsstellen für schwererziehbare Kinder bis zu einem gewissen Grade gezeigt und gelehrt werden. Es gab da freilich genügende Möglichkeit, den Geist in der Erfassung des Zusammenhangs einer Persönlichkeit zu schulen. Und da wir grundsätzlich feststellen konnten, bis zur Einheitsform aller problematischen Menschheitsgestaltungen durchgedrungen zu sein, so war genügend Spielraum gegeben, auf diesem selbstgeschaffenen Boden wirkliche Kombinationskraft der Hörer zu verwenden und auszubilden, auch sie vor Ausschreitungen zu bewahren. Daß es sich dabei um eine Kunstgattung handelt, die freilich dem Kunstlosen als eigenartig, fremd, vielleicht trickhaft wie jede Kunst erscheint, dürfte wohl auch in Terminologie, psychologischen Vorurteilen und simpleren Vorstellungen Befangenen ahnungsvoll aufgehen.

Aber diese Kunst der Behandlung ist bis zu einem gewissen Grade darstellbar und sicherlich jedem zugänglich, dessen eigenes Leben der tieferen Einsicht in den Zusammenhang menschlichen Geschehens nicht entbehrt. Dem common sense wird sie sich stets erschließen, aber es scheint mir, daß sie ewig verschlossen bleibt denen, die von vornherein dem Ziele einer Verwerfung nachstreben, oder die uns eine Unfehlbarkeitsabsicht andichten wollen.

Nach zahlreichen Vorübungen, lesend eine mir fremde Krankengeschichte einem größeren Kreise zu interpretieren, wie ich es immer beim Anhören meiner Patienten für mich selbst tun mußte, gehe ich nun daran, die Deutung einer Lebensbeschreibung improvisiert und ganz als Roharbeit geschaffen

meinen Lesern vorzulegen. Die Lebensbeschreibung hat mir ein Zufall in die Hände gespielt. Ich kenne weder die Verfasserin, noch weiß ich, wie viel etwa daran bearbeitet wurde. Ein mir persönlich bekannter Wiener Schriftsteller überbrachte sie mir als interessante Leistung eines begabten Mädchens, an der nur Unwesentliches geändert worden war. In der Wiener Sektion des »Internationalen Vereins für Individualpsychologie« habe ich im Laufe von etwa acht Vorlesungen Stück für Stück der Lebensgeschichte vorgelesen und in der vorliegenden Weise zusammenzufassen getrachtet. Vielleicht ist dieses Buch geeignet, einen weiteren Einblick in meine Arbeitsweise zu geben. Freilich konnte ich dabei der Erfahrungen der Individualpsychologie nicht entraten, aber wenn der Leser sieht, daß die Grundanschauungen der Individualpsychologie *nur das Werkzeug* darstellen – wie wir überzeugt sind, das beste Werkzeug heutzutage – um zum Verständnis des Werdens eines Menschen durchzudringen, seinen Lebensstil, dessen Grundlagen und Einheit zu erkennen und damit auch die Fehler in seiner Struktur, dann hat er wohl auch erkannt, daß die schöpferische Gestaltungskraft und Erziehungskunst des Individualpsychologen in der Behandlung den eigentlichen Wert der Individualpsychologie ausmachen und unentbehrlich sind.
Es liegt in meiner Absicht, diesem Band einen weiteren folgen zu lassen, der in ähnlicher Weise den Lebensstil schwererziehbarer Kinder bloßlegt.

Wien, im August 1928 Dr. Alfred Adler

I. Kapitel

Was ich mir vorgenommen habe — Ihnen eine Lebensgeschichte samt einer Erörterung vorzulesen —, ist nicht leicht. Es ist nichts Überlegtes, Vorbereitetes — ich will es versuchen, vor der Öffentlichkeit so vorzugehen, wie in meinem Sprechzimmer, wie mit meinen Patienten. Bei jedem Wort überlege ich: was hat das für einen Sinn, wie steht der Mensch dem Leben gegenüber, was hat der Mensch für einen Lebensstil, wie verhält er sich mit allen Einzelheiten zu den drei Lebensfragen. So ausgestattet mit dem Netzwerk, das ergänzt wird durch die Erfahrung, betrachten wir den Menschen, wie er zur Totalität strebt, wie er Herr über die Schwierigkeiten werden will, wie er in den ersten vier bis fünf Jahren seinen Lebensstil aufgebaut hat.

Was wir dabei tun, ist, daß wir unsere gesamten Erfahrungen in der Psychologie voraussetzen. Wenn jemand meint, daß dieses Verfahren ein der Wissenschaft, der Kunst entrücktes ist, irrt er. Jede Wissenschaft geht so vor. Auch in der Kunst ist es so, z. B. in der Malerei, man macht scheinbar ein paar Striche, korrigiert, wischt aus, bis das Porträt vollendet ist.

Wenn ich einen kleinen Bruchteil einer großen Krankheitsgeschichte vornehme, dann muß ich kommentieren, manches ausschalten, manches Neue hinzufügen. Das ist die Kunst der Individualpsychologie. Der Vorteil dieser Arbeit ist, daß ich diese Krankengeschichte nicht kenne.

»Ich kann mich erinnern, daß der Vater mich oft fragte . . .«

Es ist nicht müßig zu fragen: Warum nicht die Mutter? »Vater« hat besondere Bedeutung. Dieses Kind — es ist ein Mädchen — war dem Vater viel mehr angeschlossen als der Mutter. Was hat das für eine Bedeutung? Das Kind zieht den Vater vor, der Vater muß ein weicher Mensch sein. Die erste Bindung ist die an die Mutter, wenn sie verschwindet, tritt erst die zweite Phase ein. Die Mutter hat mit der Verzärtelung eingesetzt, — aber hat mit dem Vater nicht konkurrieren können.

»Ist dir gut, tut dir etwas weh?«

Es muß ein außergewöhnlich weicher, verzärtelnder Vater gewesen sein. Unsere Erfahrungen über alte Kindheitserinnerungen sagen uns, daß das Mädchen ein außerordentlich verzärteltes Kind gewesen sein muß. Wir ahnen, daß dieses Mädchen immer nur Verzärtelung suchen wird, daß es immer im

Mittelpunkt wird stehen wollen, daß es stets versuchen wird, die Aufmerksamkeit auf sich zu lenken. Es werden sich Schwierigkeiten ergeben, wenn ein solches Kind mit anderen Personen zusammentrifft, die ausgeschaltet werden müssen, weil das Kind in symbiotischem Zusammenhang mit der verzärtelnden Person lebt (Kind, Vater). Wir können dann von starken Ausschaltungstendenzen sprechen. Abneigung gegen andere Personen, kritisches Verhalten und Mangel an Interesse anderen Personen gegenüber, Schwierigkeiten in neuen Situationen werden zu finden sein. Diese Verzärtelung kann in der Natur des Vaters oder anderswo begründet sein. Auch kann das Kind eine Sonderstellung eingenommen haben. Es ist entweder ein einziges Kind, unter besonders schwierigen Verhältnissen aufgewachsen, ein Kind mit minderwertigen Organen, — es könnte auch sein, daß es das einzige Mädchen unter lauter Buben war oder die Jüngste.

»Mir war eigentlich nie gut.«

Wir dürfen die Mitteilungen unserer Patienten nicht wörtlich nehmen. Wir dürfen nicht so beeinflußt von ihnen sein wie die Patienten selbst. Die Mitteilung will heißen: Ich bin ein krankes Kind gewesen.

»Ich hatte immer Fieber« (das ist kaum glaublich) — und so heiße und trockene Hände, daß ich sie mit der Zunge befeuchten mußte.«

Wir wissen, daß es bessere Mittel gibt, die Trockenheit bei Fieber bezieht sich ja auch auf die Zunge. Man findet bei Kindern öfters, daß sie die Zunge zu Hilfe nehmen, wenn es der Umgebung nicht recht paßt. Dem Vater war es gewiß nicht angenehm, und das Mädchen hat dadurch die Aufmerksamkeit auf sich gelenkt. Ein weiterer Zug ist also: das Mädchen hat eine große Neigung, durch allerhand Erscheinungen seine Mittelpunktstellung zu vertiefen und zu befestigen.

»Mein Vater erzählte mir später, mein Leben sei an einem Faden gehangen.«

Es gibt viele gesunde Menschen, denen das erzählt wurde. Auch mein Leben »ist an einem Faden gehangen.« Ich habe später gesehen, daß es gar nicht wahr war. Wir hören nichts von einer Diagnose, wir sehen nur, daß es ein zartes Kind war, das nicht gut gegessen hat, — aber offenbar nur, weil es verzärtelt worden ist. Die Eßverweigerung kennen wir, sie dient dazu, die Aufmerksamkeit auf sich zu lenken.

»Ich hatte auch nie Appetit, konnte nichts zu mir nehmen. Ich konnte den Speisen keinen Geschmack abgewinnen, kaute an den Bissen herum, als wären sie Papier oder Gras.«

Alle Patienten sprechen so, als ob sie unsere Vorlesungen gehört, unsere Bücher gelesen hätten.

»Dunkel entsinne ich mich, wie sich meine Eltern beim

Arzt beklagten.« »Nur die Muttermilch schmeckte mir, gegen jeden Versuch, mich abzusetzen, soll ich mich verzweifelt gewehrt haben.«

Es fällt auf, daß es sich hier um ein Mädchen handelt, das einen außerordentlich gewählten Stil hat, doch ist sie in der offiziellen Bildung nicht sehr weit gelangt.

»So blieb ich außergewöhnlich lange Säugling, volle 5 Jahre.«

Das ist ziemlich unwahrscheinlich. Wenn es aber nur zwei Jahre gewesen wären, so können wir sagen, daß sich dieses Mädchen außerordentlich stark an seine Mutter gebunden hat. Das ist eine Bestätigung des Vorhergesagten, daß die Bindung an den Vater bereits die zweite Phase war. Es mag sein, daß die unrichtige Behandlung in der Säuglingszeit mit die Ursache gewesen ist, sich von der Mutter zu verabschieden. Es ist eine Tragödie, wenn ein zweijähriges Kind abgesetzt wird.

»Noch sehe ich die schöne weiße Brust meiner Mutter deutlich vor mir.«

Es ist nicht sicher, daß das Kind sich erinnert hat, solche Vorstellungen kann man sich nachträglich bilden. Wir sehen aber, daß das Interesse dieses Kindes auf die Hingebung anderer Personen gerichtet ist. Das Mädchen empfindet es schmerzlich, von der Brust der Mutter Abschied nehmen zu müssen, sie glaubt ja bis heute an dem Unrecht der Mutter festhalten zu müssen.

»Ich schämte mich schon. Wenn Leute bei uns waren, wisperte ich der Mutter ins Ohr: komm trinken!«

»Sie mußte sich irgendwohin setzen, wo uns niemand sah.«

Das Kind wußte also, daß es eine Schande war.

»Als die Mutter nach G. fuhr, zu Verwandten ihres verstorbenen ersten Mannes, war man ratlos, was mit mir geschehen sollte. Die ältere Schwester wollte mich zum Schein an die Brust nehmen, aber ich sagte: es ist nicht dasselbe wie bei der Mutter; du bist blond, die Mutter ist schwarz, ich mag keine blonden Haare.«

Hier erfahren wir etwas über die Personenwahl. Sie ist mit der Mutter verbunden und legt Wert auf unterscheidende Merkmale, die für uns nicht wesentlich sind. Bei einer weiteren Ausführung könnte man sagen, wie Menschen zur Liebeswahl kommen.

»Ich selbst hatte dunkle Haare.«

Zum zweiten Male ein Gespräch über Haare, das bedeutet eine Überwertung der Haare.

»Vater ließ es mir in die Stirne schneiden. Ich trug damals einen blauen Kragen mit rotem Futter und wünschte mir einen Hut. So oft wir an einem Geschäft vorbei kamen, rief ich: ›Huti, Kragen!‹«

Eine sich früh entwickelnde Eitelkeit und große Neigung für Äußerlichkeiten, ästhetische Neigungen, starke Wertung der Schönheit.

»Ich war nicht wegzubringen. Schließlich mußte die Mutter vor solchen Auslagen einen großen Bogen machen.«

Das Kind hat einen starken Einfluß auf die Mutter, so daß sie diese List anwenden muß.

»Ehe mich die Mutter spazieren führte, fragte sie oft den Vater, was sie mir anziehen solle.«

Auch die Mutter hat großes Interesse für das Äußere des Kindes; es ist leicht zu verstehen, wie das Kind in den Kreis der Eitelkeit gezogen wird.

»Eines Tages kam ich dem Vater zuvor und rief aus dem Kinderwagen: ›Kragen.‹ Ich hatte eine große Freude über die ersten Schuhe, kaum hatte ich sie an den Füßen, lief ich bei der Tür hinaus und wollte auf und davon.«

Das ist ein Versuch, die Schuhe in Sicherheit zu bringen.

Der Vater ist Stückmeister, also Schneider; die ganze Familie ist auf die Betrachtung des Äußerlichen eingestellt. Das ist kein ererbter Zug, es lag in der Atmosphäre des Hauses.

»Es gab eine Menge Knöpfe daheim, ich spielte mit ihnen ein eigenes Spiel, sie waren mein Geld.«

Das Kind hat frühzeitiges Interesse für Arbeit und Geld.

»Dann spielte ich gerne mit Seidenfleckerln, schnitt Löcher hinein und steckte die Arme der Puppe durch.«

Vorbereitung für den Schneiderberuf.

»Noch lieber als mit der Puppe spielte ich mit der Bierflasche.«

Wir wissen, daß Kinder sich lieber phantastischen Versuchen zuwenden als mechanischem Spielzeug. Das Kind ist auf dem Wege der Nachahmung, das kann es aber nur, wenn es sich einfühlt, wenn es eine Rolle spielt, die es bei Vater und Mutter beobachtet hat. Das Kind imitiert den Vater, wenn es ein Kleid macht.

»Ich stöberte Laden auf, werkelte an Schlössern.«

Das Kind hat große Freiheit gehabt, konnte mit allen Dingen spielen.

»Meine Lieblingsbeschäftigung waren Selbstgespräche, ich konnte stundenlang jemand nachmachen.«

Schneiderei und Sprechen wird imitiert, auch Doktor, Köchin. Wenn wir uns den Spaß machen, uns zu fragen, was der eigentliche Beruf für ein solches Kind wäre, das frühzeitig trainiert, sich in eine Rolle einzufühlen, dann müssen wir sagen: Schauspieler. Wir können oft sehen, daß viele für einen Beruf vorbereitet sind, ihn aber nicht erreichen, weil sie nichts davon wissen.

»Ich ahmte auch den Bäcker nach, mein Bäckerladen war

eine Schublade mit alten Brotresten, die nahm ich abends ins Bett.«

Intensive Neigung, etwas zu sein, das Kind will bei Nacht auch Bäckermeister sein.

»Später dann spielte ich Lehrerin, wobei ich wie meine Lehrerin ein Lorgnon benützte. Ich hatte eines aus rotem Pergamentpapier. Das Kassabuch des Vaters war der Klassenkatalog, das Notizbuch der Handkatalog, altes Papier die Schulhefte, die Diwanlehne die Tafel.«

Wir sehen die Shakespearesche Bühne.

»Ich drohte den widerspenstigen Kindern und schrie so laut, daß der Vater rief, ich solle mich nicht so aufregen.«

Wir hören von einer Krankheit nicht viel, aber sie hat die Aufmerksamkeit des Vaters auf sich gelenkt.

»Mit der Kaffeemühle spielte ich Werkelmann.«

Starke Entwicklung der Phantasie, Imitation.

»Ich unserem Haus war eine Kohlenhandlung, die zwei alten Leuten gehörte. Ich schlichtete dort Hölzer auf, ließ mir zu essen geben; was ich zu Hause nicht angerührt hätte, z. B. Sauerkraut und Knödel – dort aß ich es gern.«

Die Eßverweigerung ist der Versuch, in einer wichtig scheinenden Funktion durch Widerspruch die Aufmerksamkeit auf sich zu ziehen.

»Der Kohlenhändler fragte mich, wen ich heiraten werde. Immer sagte ich: den Vater.«

Es könnte einer auf die Idee kommen, darin ein inzestuöses Verhalten zu erblicken. Wenn man aber sieht, wie dieses Kind lange Jahre nichts von sexuellen Beziehungen weiß und nichts wissen will und sich dagegen wehrt, in einer Umgebung, die sich nicht so ablehnend gegen den Mann verhält, so kann man sagen: der Heiratsgedanke ist nur möglich, weil in dieser Beziehung zum Vater etwas Asexuelles ist.

»Den Vater liebte ich sehr, ich war sogar eifersüchtig auf ihn.«

Wenn Eifersucht immer nur der Ausfluß der Erotik wäre, dann wären wir geschlagen. Es gibt aber auch Eifersucht aus Machtbegier.

»Wenn die Mutter den Vater liebkoste, warf ich mich oft dazwischen, streichelte sein Haar, streifte ihm die Hemdärmel in die Höhe und küßte seine Arme.«

Wer glaubt, daß dies Erotik ist, bleibe dabei stehen. Unsere Erklärung ist die einzig psychologische, die rein auf sexuelle Erwägung gestellte ein Mißgriff.

»War ich schlimm, drohte mir die Mutter, ein Brüderchen oder Schwesterchen beim Storch zu bestellen. Ich schrie: ich schmeiß es hinaus.«

Hier zeigt sich die Eifersucht deutlich, bedingt durch das Machtstreben.

»Vor den Störchen hatte ich großen Respekt, ich staunte sie an und konnte es nicht begreifen, daß gerade Störche Kinder bringen, die so dumm aussehen. In der Schule hörte ich dann, daß die Kinder aus dem Bauch kommen; wodurch sie entstehen, blieb mir unklar. Ich dachte, man muß sie bloß bestellen, wenn man verheiratet ist.«

Von der Entstehung des Kindes keine Spur.

»Wenn der Vater nach F. reiste, brachte er mir immer etwas mit, Spielzeug, Bilderbücher ... Er nahm mich auf den Schoß und las mir vor. Ich erinnere mich an eine Zeile nach 21 Jahren: ›seht die flinken Rehe grasen.‹ Der Vater mußte mir vorlesen, ich merkte mir alles genau. Als ich nun sah, daß die Leute im Kaffee S. lasen, nahm ich mein Buch mit und sagte den Vers laut vor mich hin. Zwei Frauen wunderten sich sehr, daß ein so kleines Kind schon lesen konnte.« — »Der Vater schickte Ansichtskarten, mir immer zwei und schönere als den andern. Ich ruhte aber nicht, bis mir alle ihre Karten gegeben hatten.«

Alles haben wollen, eine Erscheinung des verstärkten Minderwertigkeitsgefühls.

»Infolge meines kränklichen Zustandes war man sehr nachgiebig.«

Dieses Mädchen wird kraft seines Lebensstils das Kränkeln auch weiter verwenden im Dienste seines Strebens nach Überlegenheit.

»Ich war oft krank, oft litt ich an Halsentzündungen.«

Parturiunt montes nascitur ridiculus mus.

»Ich erinnere mich an meine Wege ins Kinderspital; ungern ließ ich mir in den Hals schauen, fürchtete mich vor dem Löffel.«

Ausschaltungstendenz dem Arzt gegenüber, Verzärtelung, Wehleidigkeit.

»Ich fürchtete zu ersticken.«

Man kann sich vorstellen, wie dieses Mädchen sich weiter im Leben verhalten wird.

II. Kapitel

»Ein Jahr lang hatte ich Keuchhusten, sechs Monate im Zunehmen, sechs Monate im Abnehmen.«

Wer das hört und ein wenig medizinisch geschult ist, der kann daraus die Hochschätzung einer Krankheit entnehmen. Ein Keuchhusten wird nicht 12 Monate dauern; die Krankheit wird ehrfurchtsvoll beschrieben. Wir müssen auch in Berücksichtigung ziehen, wie Kranksein auf ein verzärteltes Kind wirkt. Verzärtelte Kinder lieben das Kranksein, sie schätzen es, weil sie in dieser Krankheit noch mehr verzärtelt werden als zuvor. Wir erwarten, daß diese Tatsache stark hervortritt. Warum ein solches Kind eine solche Situation schätzt? Es ist leicht zu ersehen: ein jedes verzärtelte Kind hat ein schweres Minderwertigkeitsgefühl. Dieses System (Kind . . . Mutter) ist für unser gesellschaftliches Leben unangebracht.

»Einmal hatte ich einen solchen Erstickungsanfall, daß ich im Halbschlaf auf den Kasten klettern wollte.«

Übertreibung.

»Vor Schwäche konnte ich kaum mehr gehen, ich wurde auf einem Polster ins Freie getragen, die Menschen wichen mir aus . . .«

Ein verzärteltes Kind macht sich nichts daraus.

»Die Kinder wurden vor mir zurückgerissen.«

Kinder werden immer vor einem solchen Anblick zurückgerissen.

»Da der Arzt Wasserluft empfohlen hatte, wurden Ausflüge zur alten Donau gemacht, ich fuhr hinüber. Beim Husten erbrach ich oft, nach jedem Anfall fiel ich zurück und war wie tot.«

Das verzärtelte Kind sucht jeden Anlaß, seine Anfälle besonders deutlich zu machen. Je mehr man das Kind verzärtelt, desto schwerer sieht die Krankheit aus. Das Kind will sich vom Keuchhusten nicht trennen.

»Zuweilen hörte ich den Vater sagen, er würde sich das Leben nehmen, wenn mir etwas geschähe.«

Der Vater ist ein Schwärmer. Dieses Kind weiß, daß es der Vater ins Herz geschlossen hat, es ist sich der Macht über den Vater bewußt.

»Seine Augen ruhten immer besorgt auf mir . . . Der Vater wusch mich auch am Abend.«

Das verzärtelte Kind macht nichts allein, andere müssen beschäftigt sein.

»Ich war sehr wasserscheu, sträubte mich stets dagegen.«

Das ist nicht angeboren, keine Besonderheit. Dieses Kind macht sich mit allem wichtig: das Waschen ist eine Affäre. Es zeigt dem Vater, daß man sich mit ihm anstrengen muß.

»Am schrecklichsten war mir das Schneiden der Zehennägel.«

Dieselbe Neigung wie Nahrungsverweigerung. Kinder, die Scherereien machen, sind verzärtelte Kinder.

»Dabei fing ich ein Geweine an, als würden mir die Zehen abgeschnitten werden. Auch das Kopfwaschen war mir zuwider.«

Jedes Kind macht dasselbe. Das ist nicht kollektives Unbewußtsein (Jung) nicht Wiederholung der Phylogenese in der Ontogenese (Freud), es sind nur Scherze der Kinder, nichts Ererbtes, wenn auch Vater oder Mutter sich auch so benommen haben.

»Wenn sich aber die Lina die Füße wusch, kroch ich auf allen Vieren hinzu und hob die Röcke in die Höhe, um darunter zu gucken.«

Frühe sexuelle Neugier.

»Seit ich dem Kinderwagen entwachsen war, schlief ich bei den Eltern und ging folgendermaßen zu Bett.«

Verzärtelte Kinder machen beim Schlafengehen Geschichten, da nun das System Kind ... Mutter durchbrochen wird. Das Zubettgehen wird genau beschrieben.

»Erst mußte mich der Vater in die Arme nehmen, tanzen, ein Lied singen, dessen Refrain lautete: ›denn so wie du, so lieblich und so schön, Kind, glaube mir, so ist keine der Feen.‹«

Hochschätzung der Schönheit durch den Vater.

»Er mußte die Polster schütteln und klopfen, den Caprice-Polster in die Mitte geben und mich zudecken.«

Verzärteltes Kind.

»Ich lag neben der Mutter, nur wenn sie in einem anderen Ort war, beim Vater. Er gab mir ein Glöckchen, das am Weihnachtsabend verwendet wurde, damit ich läuten könne, wenn mir nach der Mutter bange sei. Ich läutete, der Vater machte Licht, die Lina lief herbei, ich schlief dann wieder ein.«

Der Pavor nocturnus, die Ängstlichkeit der Kinder, ganz zweckhaft, das liegt im Sinne des »Glöckchens«. Die Psychoanalyse hält den Pavor nocturnus für den Effekt des Belauschens der ehelichen Zusammenkunft zwischen den Eltern. Das ist Mangel an Humor. Solche Kinder gehen auch noch weiter. Auch die Vernachlässigung gewisser Funktionen, das

Bettnässen, die Vorsorge, daß so etwas nicht geschieht, sind Ersatz des »Glöckchens«.

Durch die Aneinanderreihung von solchen Tatsachen und Erscheinungen ergibt sich eine Skala, die nach demselben Schema aufgebaut ist. Schwere Erscheinungen sind demnach genauso aufzufassen wie einfache.

»Wir hatten zwei Bettgeher. Der eine war ein ungarischer Friseur, namens Nagy. Er hinkte. Ich hatte Angst vor ihm; er wollte mir schmeicheln, ich rannte davon und versteckte mich.«

Bald erwachende kindliche Angst vor den Fehlern im Menschen. Das ist verständlich, wenn man bedenkt, daß dieses Kind sich an eine Person angeschlossen hat. Es können auch derartige Ängste von der Umgebung genährt werden. Unsere Kultur ist grausam. Die Eltern reißen oft das Kind vor dem Anblick eines Bettlers weg. So entsteht Angst und Abneigung statt Mitleid.

»Einmal saß ich mit der Puppe auf dem Divan; da kam der Friseur herein, streichelte mich, ich erschrak, blieb wie im Starrkrampf liegen, Vater und Lina waren in Todesangst.«

Das scheint ein Ohnmachtsanfall gewesen zu sein, verständlich, weil das Kind jede Person mit Ausnahme des Vaters ausschaltet, besonders wenn jemand sonderbar, auffällig ist. Ich kannte 1½jährige Kinder, die beim Anblick einer unschönen oder unschön gekleideten Person heftig weinten. In diesem Falle ist nicht nur die Hochschätzung der Schönheit schuld, sondern auch das Ungewohnte mit im Spiel, um so mehr als verzärtelte Kinder leicht zu einem ungewohnten Anblick kommen.

»Auch in das Kaffee kam ein Mann mit einem krummen Fuß. Ich zitterte, verbarg mich beim Vater, vergrub den Kopf in seinen Schoß, manchmal mußte man mich wegführen.«

Geschichten machen. Die Eltern sitzen ruhig im Kaffeehaus, sie gibt ihnen eine Fleißaufgabe, sie zwingt sie, mit ihr fortzugehen.

»Hie und da besuchten wir ein Gasthaus, wo Militärmusik war. Wenn der Kapellmeister den Taktstock hob und die Musik plötzlich einsetzte, bekam ich einen Schock; der Vater mußte immer mit mir hinausgehen.«

Sie gibt dem Vater eine Aufgabe. Es ist dieselbe Linie. Wir müssen daraus noch etwas entnehmen. Im ersten Fall ist es ein Gesichtseindruck, im zweiten Fall ein Gehöreindruck. Wir werden annehmen können, daß das Mädchen sowohl visuell als auch akkustisch war. (Vorsingen des Vaters.)

»Gräßliche Angst hatte ich vor Bettfedern. Erblickte ich eine im Bett, schrie ich auf, als sei sie ein Ungeheuer.«

Angst ist aus der Naturgeschichte des verzärtelten Kindes bekannt. Wir sehen, wie sie diese Stimmung vorbereitet, wie sie Interesse hat für alles, woraus Angst abgeleitet werden kann. Andere Theorien fassen das anders auf. Psychoanalyse: verdrängte sexuelle Erregung. Spät-Psychoanalyse: Geburtsakt. Das wäre eine Situation, wo eine so intelligente Funktion keinen Platz hat. Das Mädchen ruft den Vater zu Hilfe, um die Angst zu überwinden. In dieser Lebensgeschichte ist fortwährend von angsterregenden Momenten die Rede.
Alles wird zu Hilfe genommen, dem Lebensstil zuliebe.

»Mit 5 Jahren erlebte ich folgendes: während ich mit der Puppe spielte, mußte ich gegen meinen Willen die Eltern und Gott beschimpfen: Sau, Mistvieh etc.«

Wie kommt diese Haßreaktion in dieses Kind? Die Psychoanalytiker würden sagen: das ist angeboren, sadistisch. Nun möchte ich Sie fragen: es ist ein verzärteltes Kind, von dem wir gesehen haben, mit welchen Mitteln es sich wehrt gegen die Zertrümmerung des Systems. Was ist geschehen, als es 5 Jahre alt war? Fünf Jahre lang glaubte es gesäugt worden zu sein, dann abgesetzt. Aber plötzlich tritt die Zwangsidee auf, sie muß Eltern und Gott beschimpfen. Es ist eine Verweigerung der Verzärtelung; das Kind hat eine Tragödie erlebt. Wir verstehen den Wutausbruch, den wir bei jedem Kind erzeugen könnten.

»Gerade gegen die, die ich so gerne hatte, mußte ich wüten.«

Die sind schuld, wie wir nun wissen.

»Es war, als hätte es mir der Teufel eingesagt. Je mehr ich mich bemühte, mich zurückzuhalten, desto mehr schimpfte ich.«

Das ist ein Mechanismus, den ein jeder Patient aufweist. Unsere Antwort ist: dann bemühen Sie sich eben nicht. Bedenken wir, wie sich das psychisch verhält. Was kommt dabei heraus? Es heißt: so stark sind diese Gedanken, so unschuldig bin ich. Das ist die volle Rechtfertigung des Zwangsneurotikers. Warum muß sie es tun? Weil sie kein anderes Mittel hat. Sie würde lieber die Mutter zwingen, aber die Mutter weigert sich, ist nicht so leicht zu haben; der Vater wäre leichter dazu zu bringen, er ist aber nicht geeignet. »Aber ich will ja gesund werden«, sagt der Patient. Das Wollen ist der Beweis, daß er krank ist; wir verzichten auf den Willen. Wir Individualpsychologen sind kritisch gegenüber dem Wollen, zum Unterschied von anderer Psychologie. Solange er will, ist es sicher, daß nichts geschieht. Es ist ein großer Widerspruch zur Psychologie im allgemeinen, als ob Wollen die Vorstufe der Handlung sei. Wenn wir vom Wollen hören, so sind wir überzeugt, daß nichts geschieht. Wenn etwas geschieht, dann hören wir nichts vom Wollen.

»Oft war ich vor Anstrengung feuerrot im Gesicht, und es ging nicht vorüber. Um mich vor mir selbst zu entschuldigen, sagte ich mir: der Hund ist nicht der Vater, der Kabinett-Herr ist es.«

Ausbeutung der Zwangsidee, nutzloses Getue.

III. Kapitel

Diese neurotischen Fälle ähneln einander, es scheint, als ob die Menschheit nicht fähig wäre, viele Varianten zu schaffen. Wir sehen das insbesondere in der Zwangsneurose.

»Trotzdem überkamen mich schwere Gewissensbisse. Ich sah mir die Eltern an und dachte: wenn ihr wüßtet, was für Schimpfnamen ich euch gebe!«

Wenn jemand, der nicht aus unserer Schule ist, das betrachtet, könnte er meinen, das Mädchen bedauere die armen Eltern. Wir sehen, wie sehr sie sie herabzusetzen trachtet. Dieses Mädchen wollte im Mittelpunkt der Aufmerksamkeit sein, diese Neigung kann sie nicht verlassen haben, wir erlauben uns eine andere Interpretation. Dieses Mädchen, das immer an der Spitze stehen will, tut es auch jetzt. »Wenn ihr wüßtet, was für Namen ich euch gebe!« bedeutet Präpotenz, ihr seid blind, ihr versteht nichts. Wenn sie in dem gleichen Zusammenhang von Gewissensbissen spricht, so muß man an den Irrtum der Freudschen Schule denken; dort besteht die Vorliebe, sich auf das Schuldgefühl zu berufen. Das Schuldgefühl aber ist verkapptes Minderwertigkeitsgefühl. Wir gewinnen einen anderen Einblick: das Mädchen möchte sich über die anderen erheben. »Der Vater ist ein Hund« heißt: Ich bin mehr! Wenn sie Gewissensbisse hat, so ändert das an der Tatsache nichts, im Gegenteil, diese Gewissensbisse bestätigen, daß sie bestrebt ist, ihrer Entwertungstendenz Folge zu leisten. Die Entwertungstendenz werden wir nur finden, wo einer sich schwach fühlt. Für den Schwachmütigen ist es ein möglicher Ersatz, sich ein Gefühl der Überlegenheit dadurch klar zu machen, daß er sich über den anderen erhebt, er kann aber auch den anderen herabsetzen. Das wird nun erreicht durch die Entwertungstendenz, und wenn einer Gewissensbisse empfindet, so ändert sich die Distanz in keiner Weise. Diese Gewissensbisse sind so aufzufassen, wie sie Nietzsche beurteilt: »Gewissensbisse sind unanständig.« Wenn Gewissensbisse das vorstellen würden, was naive Philosophen sich vorstellen, müßten sie von einer Änderung des Verhaltens gefolgt sein. Sie sind die Fortsetzung einer nutzlosen Tätigkeit.

»Ihnen davon zu sprechen, wagte ich nicht.«

Nichts als eine Befestigung der Entwertung.

»So schrecklich ist das, daß ich ihn herabsetzen muß, daß ich nicht wagte, mit ihm zu sprechen.«

Der ganze Prozeß gilt nur für sie selbst, es genügt ihr, wenn sie das Gefühl hat, höher zu sein als die anderen. Manche Neurotiker wollen es auch den anderen zeigen, doch geht oft das neurotische Streben dahin, für die eigene Person so zu fühlen, eine Stimmung zu erzeugen, als ob sie höher wären als die anderen.

»Ich wollte diesen Gedanken entfliehen, sie packten mich immer wieder.«

Diesem Vater kann nicht geholfen werden.

»Sogar während meines Abendgebetes, dann mußte ich nochmals mit dem Abendgebet beginnen. Es war entsetzlich.«

Diese Ausmalung, diese Unterstreichung, diese ganz wertlosen Prozesse gehören zum Wesen der Neurose, aus Nichts etwas zu machen. Das bringt den Neurotiker in die Nähe einer Gottheit.

»Erst als ich in die Schule kam, hörte das allmählich auf.«

Wir werden öfter bemerken, daß hier etwas aufhört. Wenn eine günstige Situation eintritt, wenn sie nicht so vor dem Problem steht: bin ich mehr als der Vater oder nicht. Vielleicht hat die Verzärtelung des Vaters wieder stärker eingesetzt.

»Sehr zeitig, schon mit 6 oder 7 Jahren, litt ich an Schlaflosigkeit.«

Wenn Sie so etwas hören, so werden Sie sich an unsere Erfahrung erinnern; es ist klar, das bleibt nicht unbemerkt, da ist die Beziehung der Umgebung gegeben. Wenn das Kind an Schlaflosigkeit leidet, so sind Vater und Mutter unmittelbar beteiligt, sie werden herangezogen und müssen an der Schlaflosigkeit partizipieren. Störungen, die mit der Nacht zusammenhängen, sind das gewöhnliche Mittel der Kinder, die die Verzärtelung auch in der Nacht genießen wollen. Es ist egal, ob sie beim Einschlafen Geschichten machen, beim zu Bette gehen, ob sie an pavor nocturnus leiden, ob an enuresis, ob sie unruhig schlafen, ob sie aus dem Schlafe sprechen, ob sie nachtwandeln, immer heißt es: auf mich muß man achtgeben! Es sind kleine Varianten, aus denen man Schlüsse ziehen kann, so wie wir in der Naturgeschichte aus einem Knöchelchen die Gestalt eines Vogels feststellen können. Die Nacht wird mit herangezogen, die Umgebung zu beschäftigen.

»Ich konnte nur schwer einschlafen und morgens war ich als erste wach.«

Es ist wirklich so, daß die Nacht, der Schlaf der größte Feind aller verzärtelten Kinder ist. Auch nervöse Erwachsene sind wütend, wenn die anderen schlafen. In der Neurose tritt diese Störung stark hervor.

»Über diese Störung meines Schlafes regte sich der Vater so auf, daß er selbst nicht mehr schlafen konnte.«

Der i.p. Interpretation folgt die Bestätigung auf dem Fuße.

»Da habe ich mich dann schlafend gestellt. Und wenn der Vater auf den Zehenspitzen herangeschlichen kam, atmete ich langsam und tief ein und aus.«

Das schaut liebevoll und zärtlich aus, das Kind hat auch ein gewisses Zärtlichkeitsgefühl gegenüber dem Vater, es lenkt auch manchmal ein, wenn es glaubt, zu weit gegangen zu sein, — aber dieses Mädchen konnte sich schon beruhigen, wenn sie einen Zärtlichkeitsbeweis bemerkte. Wenn es den Vater heranschleichen sah und weiter die ganze Nacht nicht schlief, so konnte es vielleicht zu dem Kompromiß gelangt sein: wenn ich es so weit gebracht habe, daß ich den Vater gezwungen habe, bin ich befriedigt.

»Im selben Stock wie wir wohnte ein kleiner Schneider, der eine Menge Kinder hatte, vier Mädel und zwei Buben. Einer davon, Poldi, war in meinem Alter. Mit ihm spielte ich, er war ein Gassenbub, dreckig und bloßfüßig. Ich machte ihm das nach.«

Das sieht unbefangen und harmlos aus, ist aber eine Imitation eines Knaben. Ich zweifle nicht, wenn wir Gelegenheit hätten, weitere Gedankengänge bloßzulegen, wir würden die Neigung finden, sich in einen Knaben zu verwandeln. Es ist ein kleiner Protest. Wenn dieses Mädchen darnach strebt, an der Spitze zu stehen, so verträgt sich das nicht mit der glatten Annahme einer Mädchenrolle. »Wäre es nicht leichter, wenn ich ein Knabe wäre?«

Der Vater stand in der Familie über der Mutter.

»Im Hof war ein großer Sandhaufen, da spielten wir Greisler, der Sand stellte die Lebensmittel dar.«

Nun kommt etwas, was als der Ausdruck einer schriftstellerischen Begabung gelten soll, die schildert das Spiel. Hier wäre etwas über die Bedeutung des Spieles zu sagen. Groos weist in seinem Buche »Die Spiele der Kinder« mit aller Schärfe darauf hin, was wir unter Spiel nicht verstehen dürfen. Ich verstehe nicht, wie jemand nach diesem Buch noch von Spieltrieb sprechen kann. Der Spieltrieb steht im Dienste des zukünftigen Zieles. Dostojewski sagt: Im Spiel der Kinder liegt immer ein künstlerischer Zug. Wir Individualpsychologen verstehen den Gedankengang gut. Die Kinder haben nicht die normale Kraft, wie sie die Erwachsenen haben, sie bedienen sich Tricks, um so zu tun, als ob sie erwachsen wären.

»Im Haus war ein Kettenhund Bello, der einem Kartonnagenmacher gehörte.«

In der Regel ist die Beziehung von Kindern zu Hunden gut, weil sie dem Geltungsstreben der Kinder entgegenkommen, sie folgen, lassen sich beherrschen. Kinder, bei denen das Geltungsstreben stark hervortritt, fühlen sich stark zu Hunden hingezogen. Das kann variiert sein, wenn ein Kind wünscht, immer nur von der Mutter gepflegt zu werden, so kann es die Furcht vor Hunden benützen, damit die Mutter immer da sein muß. — Wir werden erwarten, daß dieses Kind sich zu Hunden hingezogen fühlt.

»Dieser Hund, der ein Wägelchen zog, bekam eine Unmenge Pferdefleischwürste. Die Würste lagen bei der Hütte, der Poldi hätte gern eine Wurst stibizt. Der Hund mochte ihn aber nicht.«

Jungen sind bei Hunden unbeliebt.

»Einmal schlich der Poldl vorsichtig zur Hundehütte, packte die Wurst und verschlang sie hastig. Das ergötzte mich sehr. Ich sagte zu ihm: Die Wurst ist neben dem Kot gelegen und du ißt sie auf.«

Hier sehen wir wieder die Entwertungstendenz »die Wurst ist neben dem Kot gelegen«, — die Neigung, sich über andere zu erheben, verläßt sie nicht.

»Ihm war es gleich. Der Kartonnagenmacher hatte einen großen Wagen mit Leinwand-Plache. Er nahm uns manchmal mit. Wir waren immer im Glück, wenn wir im Wagen saßen.«

Neigung, mit Buben zusammen zu sein.

»Im zweiten Stock wohnten zwei Kupplerinnen, bei denen mehrere Prostituierte wohnten. Sie standen erst um 11 Uhr oder nachmittags auf.«

Das sind Dinge, die manche Kinder reizen können, wenn sie sehen, wie andere schöne Kleider haben, geputzt sind. Wir können verstehen, daß manche Kinder so auf den Elendsweg gelockt werden. Wenn sich ihnen die Überlegenheit in dieser Weise konkretisiert hat, werden wir nicht erstaunt sein, wenn sie sich spielerisch für den Beruf einer Prostituierten vorbereiten. Es wird schwer sein, sie diesen Weg verlassen zu machen, viele Menschen sind ihnen dabei im Wege.

»Oft schmissen uns die Prostituierten Geld zum Fenster herab, damit wir ihnen Zigaretten und Bier holten. Obwohl ich nie mehr als das Vorzimmer zu sehen bekam, gefiel es mir dort gut, die Einrichtung kam mir sehr vornehm vor.«

Die Prostituierten werden im Volke nicht so verachtet, wie von den wohlerzogenen Bürgern, und so können wir verstehen, warum der Zuzug zur Prostitution nicht nachläßt. Es müßte eine Organisation in einer Stadt so weit gehen, daß man Kinder mit Prostituierten nicht zusammen wohnen läßt. Das ist erschwert, da ja die Prostitution eine Einrichtung unserer sozialen Organisation ist, die sich durchsetzt, der man mit keinem Mittel beikommen kann, deshalb nicht, weil die

Struktur unseres gesellschaftlichen Lebens eine Möglichkeit zuläßt, die Prostitution zum Beruf auszubilden.

»Vom Gangfenster konnte ich beobachten, wie sie sich herrichteten. Eine, die so aussah, als sei sie lungenkrank, tat mir leid. Sie frisierte und schminkte sich. Angezogen sah sie ganz anders aus, als beim Fenster. Einige waren ordinär, schimpften von oben, es ging wüst zu.«

Das ist eindeutige Ablehnung. Wir werden nicht vermuten, daß der Weg zur Prostitution betreten wird.

»Ein paar Kleinigkeiten von Lina fallen mir ein. Wir hatten »Das Buch für Alle« abonniert. Lina las den Roman und stürzte sich auf die Fortsetzungen. Sie fragte immer danach. Der Vater sah es nicht gern und verabredete mit uns, zu verheimlichen, daß die Zeitschrift da sei. Ich versprach es. Doch als sie hereintrat, rief ich: Buch-Alle-Mann da west!«

Sie konnte nicht gehorchen, revoltierte.

»Eines Abends schrieb die Lina einen Liebesbrief nach einem Briefsteller. Die Eltern waren in der Küche, die Lina mußte hinausgehen: ich sprang aus dem Bett, machte einen Patzen auf den Brief und zog dann die Decke über den Kopf.«

Schädigungsabsicht. Triumph, daß sie etwas weiß, was die anderen nicht wissen.

»Als Lina den Klecks erblickte, jammerte sie. Nach einer Weile entfernte sie sich wieder, ich wiederholte mein Manöver. Sie zankte mich aus.

Ich ahmte sie in jeder Weise nach. Sie war um 9 Jahre älter als ich, sie war wie eine zweite Mutter zu mir.«

Sie kann sich eine gütige Person nur in der Gestalt einer Mutter vorstellen. Das ist für verzärtelte Kinder charakteristisch.

»Ich bemühte mich, ihre Schrift nachzumachen, ihre dreieckigen Schleifen gefielen mir. Der Vater wollte, ich solle schreiben, wie es meiner Hand entspräche.«

Einen Nachahmungstrieb gibt es nicht, das Kind bedient sich aller Möglichkeiten, um sein Geltungsstreben durchzusetzen. Wenn man eine um 9 Jahre ältere Schwester in etwas nachahmt, dann gibt dies uns einen Wink. Es wird nur nachgeahmt, was einem Kinde in den Kram paßt.

»Als kleines Kind hatte ich die Gewohnheit, wie besessen über Kirchenstufen auf und ab zu rennen. Die Mutter mußte mich mit Gewalt nach Hause schleppen.«

Es ist vielleicht Lust an Bewegung oder aber dieses Kind läuft, damit die Mutter nachlaufen muß.

»Der Vater war sehr religiös; er lehrte mich schon früh vor Kirchen das Kreuz zu machen, er schenkte mir Heiligenbilder. Ich verlegte mich darauf, Heiligenbilder zu sammeln.«

Hier ist etwas über den Sammeltrieb der Kinder zu sagen. Sie kommen sich dabei stark vor. Man kann Sammlungen finden, die sinnlos sind; es wird gesammelt, weil so das Geltungsstreben des Kindes befriedigt wird.

»Ich hatte eine Menge davon; am Abend breitete ich sie zu zwei Reihen unter meinen Polstern aus, ich legte auch einen Schutzengel dazu, ich hätte sonst nicht einschlafen können. Ich betete so lange, bis mir der Atem ausging. Ich betete für alle, die ich gern hatte, für Großmutter, Onkel und Tanten.«

Es ist nicht schwer, dem Kinde ein solches Gehaben beizubringen. Was heißt das: ich betete für alle? Ich habe ihr Schicksal in der Hand. Ein solches Kind hat das Gefühl, als ob es höher wäre. Das steht mit dem Gebetzwang in Zusammenhang, wir finden ihn oft bei der Zwangsneurose.

(Ein Mann, der reich war, hatte drei arme Schwestern zu unterstützen. Das war ihm lästig, er hatte eine Abneigung, sie zu unterstützen. Er betete zu Gott, daß er sie schützen möge und verhüten, daß sie verbrennen. Wenn er nicht betete, konnte er nicht einschlafen. Er war jeden Tag sehr befriedigt, daß sie nicht verbrannt waren. »Ich habe ihr Leben in meiner Hand, ich bin verantwortlich.«)

»Weihnachten war ein großes Ereignis. Der Vater schickte mich ins Kaffeehaus, ›damit das Christkindl alles bringen kann‹«.

Das Kind scheint sich dagegen zu wehren, belogen zu werden.

IV. Kapitel

Ein richtiger Psychologe kann anfangen wo er will, er muß immer wieder zu demselben Ergebnis kommen, er muß den durchgreifenden Faden finden, der alle Symptome durchläuft.

»Zu Hause war eine düstere Stimmung. Die Eltern hatten wieder einmal gestritten, ich kann mich aber nicht mehr erinnern, worüber.«

Kinder, wie diese, die so sehr im Mittelpunkt stehen, vertragen den Streit der Eltern nicht. Nicht weil sie für den Frieden wären, sie fühlen sich vielmehr ausgeschaltet, wenn die anderen miteinander zu tun haben. Sie sind häufig gegen den Streit der anderen. Es ist ihr nicht in Erinnerung geblieben, worüber sie gestritten, nur daß sie es getan haben.

»Der Vater trug mir auf, im Zimmer zu bleiben und mich umzudrehen, das Christkindl fliege gerade vorbei. Ich drehte mich also um. Die Lina nahm mich bei der Hand. Auf einmal läutete es, und wir liefen ins Kabinett.«

Für den Individualpsychologen ist es interessant, mit sich zu Rate zu gehen, ob man Kindern solche Geschichten erzählen soll. Man soll nicht zu ängstlich sein. Diejenigen, die auf Aufklärung dringen, sei es in sexueller oder in anderer Hinsicht, schießen vorbei. Kinder machen sich nicht viel daraus, sie nehmen es als gewöhnlichen Unfug, als modus dicendi. Ich habe noch nie ein Kind gesehen, das so aufgeregt gewesen wäre, wie einer der Aufklärer, wenn es dahinter kommt, daß das Christkindl nicht vorbeifliegt. Man weiß schon, daß man den Kindern zu viele märchenhafte Dinge erzählt, die Frage bleibt offen, wie weit man gehen kann. Es ist nicht die Hauptfrage der Erziehung, wenn man nicht viel schwerwiegendere Dinge damit verknüpft, wenn man das Kind nicht einzuschränken trachtet.

»Ein großer Weihnachtsbaum stand angezündet auf dem Tisch. Davor eine große Schiefertafel mit einem Gestell. Dann eine Puppe. Ich glaube, ich bekam damals auch ein Bilderbuch. Ich stürzte mich auf die Geschenke, bewunderte sie und begann gleich mit der Kreide auf der Tafel zu kritzeln. Schreiben konnte ich noch nicht.«

Wir erinnern uns an das, was wir über die erhöhte Aufmerksamkeit für alles Sehbare gesagt haben. Vielleicht finden wir hier eine Bestätigung. Diese Beschreibung, selbst wenn sie nachträglich geschieht, selbst wenn sich herausstellen sollte, daß sie nicht wahr ist, zeigt doch, daß es ein Kind ist, das für das Sehbare großes Interesse hat. Sie war bezüglich schön und häßlich interessiert.

»Die Lina erhielt ein Kartenalbum und eine rote Kappe. Der Puppe richtete ich dann auf dem Diwan ein Bett. Vor dem Einschlafen stand ich eigens noch auf und schaute nach, ob sie gut lag.«

»Ich schaute nach« ist die Bestätigung dieses Gedankenganges.

»Das Jahr darauf riet mir die Milli, ein Nachbarsmädel, die Eltern und die Lina mit Glückwunschschreiben zu überraschen. Ich kaufte Briefpapier, wie es dazu benützt wird, mit aufgeklebten Engeln und Gold verziert.«

Wir sehen die Eignung dieses Mädchens für Ausschmückung. Wenn wir gefragt würden, was man mit ihr anfangen soll, so würden wir sagen, sie hat in der Richtung des Zeichnens trainiert. Bei einer Berufsberatung müßten wir diese Linie im Auge behalten (Schneiderin oder Zeichnerin).

»Die Milli hatte ein Büchel, worin Weihnachtswünsche standen. Sie wählte drei der kürzesten für mich aus und bereitete auch alles zum Schreiben vor.«

Dieses Mädchen hat Anschlußfähigkeit.

»Obwohl sie mir jeden einzelnen Buchstaben ansagte, verpatzte ich eine Menge Briefbogen. Immer wieder mußte ich hinunterlaufen, um frisches Papier zu holen. Ich strengte mich fürchterlich an und war todfroh, als ich endlich damit fertig war. Die Briefe wimmelten von Fehlern, die Eltern und die Lina hatten aber eine große Freude daran.«

Sie sehen, wie man das Kind fördern will, wie es beliebt ist. Dieses Mädchen ist an Verzärtelung gewöhnt. Wenn es in eine schwierige Lage geraten wird, wird es außerordentlich scharf reagieren, sie wird es weniger ertragen als ihre Stiefschwester Lina. Sie ist wie eine Treibhauspflanze. Wenn sie in nicht so geschützter Situation vor einem Problem stehen wird, wo sie geben und nicht nehmen muß, wird sie versagen.

»Sobald ich ordentlich schreiben konnte, verfertigte ich lange Briefe an das Christkindl, eine ganze Wunschliste in einem sehr ergebenen Ton.«

Unsere Auffassung von der erwartenden Attitüde wird bestätigt.

»Ich stellte mir vor, das Christkindl steige auf einer langen Leiter am Ende der Welt vom Himmel herunter, um am Weihnachtsmarkt Einkäufe zu machen. Ich dachte es mir als ein schönes blauäugiges Kind, in Wolken gehüllt.«

Visuell. –

»Ein beinahe so wichtiges Fest wie Weihnachten war Fron-

leichnam. Einmal erlegte der Vater eine Spende, damit ich unter dem kleinen Baldachin als Engel gehen könne.«

Sinn für Festlichkeiten.

»Die Nacht vorher konnte ich vor Aufregung kaum schlafen.«

Die Spannung vor Entscheidungen wächst an.

»Schon gegen 5 Uhr früh war ich wach und spähte beim Fenster hinaus, ob schönes Wetter sei. Als ich dann das Hämmern beim Befestigen der Bäumchen hörte und sah, wie das Gras aufgestreut wurde, war ich ganz selig. Um halb acht führte mich der Vater zum Versammlungsplatz der Prozession. Ich hatte ein Engelkostüm an mit Krone und Flügeln. Ich wurde dann auch wirklich unter dem kleinen Himmel eingereiht und durfte die Muttergottes tragen.«

Die Erinneringen zeigen das große Interesse des Mädchens für äußere Schönheit.

»Man mußte lange warten, es war ziemlich kühl, der Vater brachte mir aus einem nahe gelegenen Kaffeehaus heißen Tee. Meine Flügel, die aus Gansfedern bestanden, waren mir so schwer, daß der Vater sie mir abschnallen mußte. Und so schritt ich denn nur mit der Krone auf dem Kopf unter dem roten Baldachin einher, der von vier weißgekleideten Mädchen getragen wurde. Als der Umgang unser Haus erreichte, verschmähte ich es in meinem Stolz, zu den Fenstern hinaufzublicken. Fast bildete ich mir ein, wirklich ein Engel zu sein.«

Dieses Kind hat in seiner Einfühlung die Empfindung, als ob es ein Engel wäre, es wäre eine Erniedrigung, so zu tun, als ob es ein Kind dieses ärmlichen Hauses wäre.

»Der Vater aber folgte am Gehweg hinten nach, die Flügel in der Hand.«

Die Beziehung des Mädchens zum Vater bedeutet eine Herrschaftsstellung.

»Ich ging sehr gern in die Kirche, versäumte es auch nicht, davor das Kreuz zu machen. Nur wenn ich mit der Straßenbahn an einer vorbeifuhr oder gerade in Gesellschaft von Mädeln war, von denen ich wußte, daß sie kein Kreuz machten, scheute ich mich, meine Religiosität zur Schau zu stellen und kämpfte mit mir, ob ich das Kreuz machen soll oder nicht.«

Man findet bei Kindern oft, daß sie von der Meinung der anderen abhängig sind. Hier ist ein Stück Massensuggestion – der Mensch innerhalb einer Masse verhält sich anders, strebt, zu einer Einheit zu werden mit den anderen. Es ist ziemlich klar, daß die meisten Teilnehmer mit der Masse eins sein wollen. Im Begriff »Masse« liegt es, daß jeder nicht tut, was er will, daß er das Trennende beseitigt, nach Einheit sucht; wer das Losungswort ausgibt, für das die anderen empfänglich sind, schafft die Einheit. Man muß mit dieser Massensuggestion rechnen. Es ist nicht so, als ob der einzelne seiner Auffassung gemäß vorgehen würde, es ist ein Strom, der zusammenzufließen trachtet. Es wird zur obersten Aufgabe der Masse, einheitlich zu handeln und nicht lang zu prüfen.

»Unterließ ich es, bekam ich schwere Gewissensbisse. Ich fürchtete, ein Unglück würde mich zur Strafe ereilen.«

Sie kämpft für das, was sie durch Tradition in sich trägt. Die Gewissensbisse sind der Versuch, gegen die Massensuggestion Stellung zu nehmen.

»Ich nahm es auch dann mit der Beichte genau. Beim Gewissenserforschen durchsuchte ich die alten Gebetbücher des Vaters und schrieb eine Menge Sünden auf, die ich gar nicht begangen hatte.«

Das finden wir sehr häufig. Es ist eine Prahlerei, sie will mit einer Menge von Sünden prahlen.

»Dann fragte ich den Vater, ob er nicht vielleicht noch ein paar Sünden wisse, und ob es am Ende auch eine Sünde sei, wenn man Blähungen hat. Große Plage hatte ich mit dem Beichtzettel. Der wurde ellenlang. Ich schämte mich schon vor den anderen Kindern, so viele Sünden zu haben. Ich schrieb nun so klein und so eng aneinander, daß ich im Beichtstuhl die eigene Schrift kaum entziffern konnte.«

In der Realität trachten derartige Prahlereien sich selbst zu korrigieren.

»In der vierten Klasse, zu Ostern, wurde zum erstenmal die heilige Kommunion vorbereitet . . . An dem Tage fühlte ich mich so eigenartig, so ganz anders als sonst, so heilig. Ich wagte es kaum, mich zu rühren, ich hatte ja von Jesus gegessen. Meine Freundin Olga aber kam mir unwürdig vor, weil sie es nicht so ernst genommen hatte wie ich.«

Sie will den ersten Rang einnehmen.

»Die Sagen von Rübezahl und die Märchen aus Tausend und einer Nacht liebte ich über alles. Ehe ich noch lesen konnte, lasen mir schon der Vater und die Lina daraus vor. Als ich die Geschichte vom Kaufmann und dem Geist hörte, wo der Kaufmann den Geist mit einem Dattelkern erschlägt, bat ich den Vater um Geld und holte mir Datteln. Dann setzte ich mich in eine Ecke, warf die Kerne in die Luft und bildete mir ein, eine Menge Geister erschlagen zu haben.«

Solche Dinge können um das achte Lebensjahr passieren. Ein Junge dachte, daß man ihn schlachten und essen wolle. Mehrere Menschen hatten eine solche Dummheit gesagt. Der Junge glaubte es um so mehr, als er in ein Haus kam, wo man ihn »Auffüttern« wollte, und so glaubte er, daß er zum Schlusse geschlachtet werden sollte.

»Da ich nie viel Lust zum Essen hatte . . .«

Verzärteltes, kämpfendes Kind. Die Umgebung legt viel Wert aufs Essen. Wird viel Wert auf Reinlichkeit gelegt, ist das Kind schmutzig, handelt es sich um eine Überschätzung der Verdauung, gibt es Stuhlschwierigkeiten. Es empfiehlt sich, keine Überschätzungen offenbar werden zu lassen.

». . . regte ich meinen Appetit dadurch an, daß ich an Märchen dachte, wo üppige Mahlzeiten vorkommen. Oder: beim Reis z. B. stellte ich mir die böse Hexe vor, die in Gestalt einer schönen Frau nur ein paar einzelne Körner ißt — in der Nacht aber verzehrte sie heimlich Leichen auf dem Friedhof. Und so aß ich den Reis einzeln.«

Sie sehen, wie sie sich in jede der Märchengestalten einfühlt. Es wäre nicht ausgeschlossen, daß sie Schauspielerin würde.

»Wenn wir Schnitzel hatten, stellte ich mir vor — das war aber meine eigene Erfindung — daß die Gabel eine Frau und der Bissen drauf ihr Hut sei — und ich ließ nun jeden Hutbissen auf der Gabelfrau erst um den Teller herumkreisen und dann erst aß ich ihn.«

Das sind die bekannten Scherze der Kinder. Sie hören: du wirst nicht zunehmen! Iß doch!

»Beim Trinken phantasierte ich oft, ich sei in einer Wüste. Alle verdursteten schon und saugten einander das Blut aus . . .«

Wir hören einigemale von Dingen, die als grausam aufgefaßt werden können. Auf diese Weise beginnen grausame Phantasien, die manchmal mit sexuellen Regungen verbunden sind. Das ist ein besonderer Typus: nicht jedes Kind ist fähig, durch Angst Sexualerregungen produzieren zu können.

»Ich dachte, ich sei die einzige, die noch Wasser hatte. Mit Hochgenuß trank ich dann schluckweise eine ganze Flasche aus.«

Wir sehen, wie sie nur bedingungsweise die selbstverständlichen Forderungen des Lebens erfüllt.

»Um mir das Mahl zu würzen, dachte ich mir auch gern, eine Hungersnot sei ausgebrochen und ich allein besäße noch einen Vorrat.«

Wir würden nicht erstaunt sein, zu hören, daß das Mädchen dachte, die Sintflut sei gekommen, und sie allein wäre übrig geblieben. Die Sage von der Sintflut verdankt einem solchen Gedanken vielleicht ihren Ursprung.

»Feigen liebte ich, weil in Tausend und einer Nacht davon die Rede ist.«

Das ist Scheinkausalität. Sie macht etwas zur Ursache und läßt diejenigen Folgen, die ihr in den Kram passen: sie zu essen.

»Kartoffeln mochte ich nie.«

Wir würden uns nicht wundern, wenn sie schreiben würde: »weil sie in Tausend und einer Nacht nicht vorkommen.«

»Als wir in der Schule lernten, wie sie entdeckt und zuerst falsch zubereitet wurden — man wußte nicht, daß gerade die Wurzel genießbar sei — bat ich die Mutter, mir ein paar zu kochen, und bildete mir ein, ich selbst hätte sie entdeckt und niemand sonst wisse, wie sie zuzubereiten seien.«

Streben nach einem Privileg.

»In die Schule bekam ich Schinkensemmel mit oder Butterbrote, auch Schokolade. Ich rührte aber fast nie etwas davon an. Entweder verschenkte ich mein Gabelfrühstück oder brachte es nach Hause zurück. Mich ekelte vor den anderen Kindern, vor ihren Haaren, vor ihrem Geruch.«

In den Parks sieht man oft Kinder, die eine abwehrende Bewegung machen. Das bedeutet die Ausschaltung der anderen. Dies ist ein typischer Beweis für ein verzärteltes Kind, die Ausschaltung Fremder und Beibehaltung der bekannten, verzärtelnden Personen.

»Ich wunderte mich auch stets, wie sie in diesem Dunst ein Stück Schmalzbrot verschlangen oder dergl.«

Die Hochnäsigkeit wächst.

»Nach dem Vorbild des Vaters gewöhnte ich mir an, während des Essens zu lesen.«

Eine solche Bemerkung eines Mädchens, das nie von der Individualpsychologie gehört hat, bedeutet viel mehr, als unsere Gelehrten aus ihr entnehmen können, d. h. die Frauenrolle gefällt ihr nicht.

»Am liebsten nahm ich dazu ein Märchen, wie das vom ›Starken Hans‹, der sich sieben Jahre durch einen Berg köstlicher Speisen durchißt. Noch heute schmeckt es mir viel besser, wenn ich beim Essen etwas lese.«

Wenn wir an die Gabe der Einfühlung denken, so müssen wir sagen, daß sie sich in die Rolle des starken Hans eingefühlt hat.

»Der Vater erzählte einmal, daß seine frühere Braut, die Genoveva, den Kaffee bitter getrunken hätte. Da machte ich es ebenso. Die Mutter wieder nahm beim Kaffeetrinken ein Stück Zucker in den Mund. Da ahmte ich das auch nach.«

Sie hat sich noch nicht entschieden. Sie schwankt noch. Das wird ein bedeutsamer Punkt in der Entwicklung sein.

»Mein Kaffee mußte ziemlich dunkel sein, vor Milch graute mir.«

Dieses Grauen vor Milch stammt aus einer Periode des Kampfes. Alle Kinder werden mit Milch überfüttert, sie wollen sich von einer lästigen Pflicht befreien. Die Kost soll bei Kindern abwechselnd sein, sie sollen nicht nur Milch bekommen.

»Wenn mir bei einer Kinderjause ein heller und süßer Kaffee vorgesetzt wurde, reizte mich das fast zum Brechen.«

Wir hören viel vom Essen, wir können auf einen minderwertigen Magen-Darmtrakt schließen.

»Auch der Stuhlgang bereitete mir von jeher große Schwierigkeiten. Dauernd litt ich an Verstopfung. Von Klistieren und Stuhlzäpfchen war ich ein grimmiger Feind.«

»Zum Kampf der Wagen und Gesänge« gehört es, mit dem Stuhl Schwierigkeiten zu machen.

»Oft saß ich eine Stunde am Topf und es ging nicht. Und wenn es endlich doch ging, hatte der Vater eine riesige Freude. Einmal sollte ich wieder ein Klistier kriegen. Einige Bekannte weilten gerade bei uns zu Besuch, darunter ein Freund des Vaters, ein verabschiedeter Hauptmann. Ich wollte mir die Spritze durchaus nicht hereinstecken lassen, schrie und stieß mit den Füßen um mich. Die Mutter wußte sich schon keinen Rat mehr. Der Hauptmann, der alles besser wissen wollte, trat heran und sagte zur Mutter: ›Sie machen das nicht gut — so müssen Sie das machen —‹ Und auf einmal rutschte die Spritze aus, und das Klistier geht ihm ins Gesicht ... Hie und da fand ich im Bett der Mutter oder auf ihrem Hemd einen roten Fleck.«

Interesse für das Sehbare.

»Wenn ich sie fragte: »Mama, warum tust du vom Hintern bluten?« erwiderte sie, sie hätte Hämorrhoiden, woran sie übrigens zeitweise wirklich litt. Ich schlich nun zu dem Platze hin, wo die Mutter gesessen war und schnupperte daran herum. Ich kannte diesen Geruch bald so genau, daß ich ihn bei jeder Frau witterte.«

Ein guter Geruchsinn ist vielleicht eine Organ-Minderwertigkeit. Im Rahmen unserer Kultur gewiß, in demselben Ausmaße, wie wenn jemand mit vier Händen statt mit zwei Füßen zur Welt käme.

»Auch an meinem eigenen Körper schnupperte ich soviel, daß ich oft Kopfweh davon bekam. Einen Hauptspaß machte es mir, Stoffleckerl solang zu reiben bis sie heiß wurden und einen eigentümlichen Geruch ausströmten. Dazu holte ich mir auch gern die Olga. Wir setzten uns irgendwohin in eine Ecke, rieben und rochen.«

Ausgeprägtes Geruchsvermögen. Dasselbe Suchen, das wir in geistiger Beziehung sehen.

»Mit vier Jahren ging ich zum erstenmal ins Theater zum ›Gestiefelten Kater‹. Die Kinder brüllten vor Lachen. Ich saß ernst da und schaute und hörte zu. Die Eltern fragten mich, ob es mir nicht gefiele. Es wäre ihnen offenbar lieber gewesen, wenn ich ebenso laut gelacht hätte, wie die anderen. Sie schienen enttäuscht davon, daß ich keine Miene verzog und weder Beifall noch Mißfallen zu erkennen gab.«

Die zukünftige grande dame!

»Das viele Fragen störte mich nur. Am Nachhauseweg drangen sie in mich, zu sagen, warum ich denn so finster dreingeschaut hätte, als hätte ich ein Trauerspiel gesehen. Ich antwortete nicht.«

»Tags darauf trug ich aber den Inhalt des ganzen Stückes vor. Alle waren baff. Jetzt erst merkten sie, welch großen Eindruck das Märchenspiel auf mich gemacht hatte.«

Wir haben gesagt, daß dieses Mädchen vielleicht auf dem Wege zum Theaterspielen ist. Es hat einen unauslöschlichen Eindruck auf sie gemacht.

»Bei uns verkehrte ein armer schwedischer Baron, der wegen eines Duells, in dem er seinen Gegner getötet hatte, aus seiner Heimat hatte fliehen müssen. Er war hier Kinooperateur geworden. Einmal in der Woche lud er uns ins Kino ein. Nach der Vorstellung erwarteten wir ihn und gingen zusammen nachtmahlen. Der Vater bestellte mir Wiener Schnitzel mit Gerösteten und rotem Wein. Im Gasthaus schmeckte es mir ausgezeichnet.«

Die wählerischsten Menschen essen alles im Gasthaus auf. Unsere Supposition besteht zurecht. Schwierigkeiten beim Essen stammen aus dem Bedürfnis, Schwierigkeiten zu machen.

»Tagelang freute ich mich auf diesen Abend.«

Daß dieses Kind fürs Kino Interesse haben wird, konnten wir uns vorstellen.

»Wenn der Baron von seinen Leuten Geld geschickt bekam, hielt er uns alle frei. Es wurde viel getrunken, die ganze Gesellschaft war beschwipst. Ich allein blieb nüchtern, wodurch ich mich so verlassen fühlte, daß ich weinte.«

Jeder war mit seinem Schwips beschäftigt, nicht mit ihr.

»Später besuchten wir häufig ein Restaurant, wo sich auch ein Varieté befand. Wir saßen immer nur im Speisesaal. Hier hielt ich es aber nie lange aus. Ich schlich ins Varieté, stellte mich neben die Musiker und hörte zu. Wenn mich die Kellner vertrieben, schlüpfte ich bei einer Tür hinaus und schlüpfte bei der anderen wieder hinein. Und wenn es schon gar nicht mehr anders ging, schaute ich durch einen Türspalt zu. In den Pausen ließ ich mich verstohlen auf einen der leeren Sessel nieder.«

Hier wäre ein kleines Wort zum Besuch derartiger Vorstellungen durch Kinder zu sagen. Als ich zwei Jahre alt war, hat man mich zu Volkssängern mitgenommen. Ich habe dort schädliche und nützliche Sachen gelernt. Als ich 5—6 Jahre alt war, nahm man mich zu Operetten mit. Wer weiß, was aus mir geworden wäre, wenn ich nicht mitgenommen worden wäre, doch ist meine Toleranz verständlich, wenn ich durch diese trüben Gewässer schwimmen mußte. Diese Dinge sind nicht so schädlich, die Ängstlichkeit der Eltern ist übertrieben.

Man soll die Kinder nicht zu erschreckenden Dingen mitnehmen, der soziale Mut ist zu erhalten und zu verstärken, ich würde es nicht untersagen, sie zu diesen lustigen Dingen mitzunehmen. ... Eine meiner ältesten Erinnerungen ist: meine Eltern mußten verreisen und ließen mich und meinen etwas älteren Bruder unter der Obhut einer Gouvernante zurück. Als der Vater zurückkam, bot sich ihm ein sonderbarer Anblick dar. Ich stand auf dem Tisch und schmetterte einen Gassenhauer. Es handelte sich darin um eine Frau, die außerordentlich schmerzlich berührt war durch den Anblick von geschlachteten Hühnern, sie hob hervor, daß ihr das Herz blute. Der Refrain lautete: »Wenn dich der Hühner Mißgeschick so außerordentlich rührt, warum wird dann dein armer Mann mit Töpfen bombardiert?« — Ich schließe aus dieser Kindheitserinnerung: Ich hatte das Interesse, nachzuforschen, ob sich alles einheitlich abspielt.

»Die Vorstellungen gefielen mir sehr, meine Wangen glühten, ich paßte auf jedes einzelne Wort auf. Nur Komiker konnte ich nicht ausstehen.«

Wendung zum Heroischen. Wir würden uns nicht wundern, wenn sie Filmschauspielerin werden würde.

»Tiere liebte ich von jeher ungemein.«

Das ist ein häufiges Zeichen bei herrschsüchtigen Kindern. Es gibt kaum etwas Gehorsameres als einen Hund oder ein Kaninchen. Da können sie auch Zärtlichkeit geben. Man soll Kindern nicht die Bekanntschaft mit Tieren verweigern. Der tiefste Punkt dieser Vorliebe ist aber das Gefühl der Überlegenheit.

»Ich quälte sie nie. Nur einmal halbierte ich eine Wanze. Dann lief ich zum Vater und fragte ihn, ob es eine Sünde sei.«

Sie will die Frömmste sein.

»Ich hatte einen kleinen Hasen. Den richtete ich mir so ab, daß ich herbeisprang, wenn ich ihn rief. Einmal biß er mich. Ich wichste ihn ein wenig durch und nahm mir vor, ihn einen Tag lang nicht anzusehen.«

Grausame Strafe.

»Kaum aber hatte ich ihn von meinem Schoß heruntergenommen, holte ich ihn wieder zurück, küßte ihn ab, verzieh ihm und vergoß Tränen darüber, daß er sich soweit vergessen hatte, mich zu beißen.«

Hoheitsgefühl.

»Ich spielte gern mit seinem Schwänzchen, oder ich setzte mich mit ihm auf den Diwan und bearbeitete die eine Seitenwalze — das war das Klavier — mit seinen Pfoten und dazu sang ich.«

Wozu man Hasen gebrauchen kann.

»Niemand durfte in seine Nähe, nur ich. Ich liebte es, mit zwei Fingern an seiner Nase zu krauen. Dabei verhielt er sich ganz ruhig. Es schien ihm wohl zu tun. Mit der Zeit habe ich ihm so die ganzen Nasenhaare abgewetzt.«

Wenn man bei komplizierten Dingen die Frage aufwirft: wie kommt man z. B. dazu, dadurch zu herrschen, daß man Angst hat, so muß man antworten: der Mensch kommt nicht auf die Idee, aber er tut es. Dieses Mädchen kommt dahinter, daß man den Hasen an der Nase krauen muß. Das ist ebenso kompliziert, sie kommt durch zufälliges Geschehen dazu. Es ist genau oder ebensowenig rätselhaft wie die nervösen Symptome.

»Von unserem Kabinettherrn, dem Altgast, bekam ich eine amerikanische Tanzmaus.«

Vorliebe für Tiere.

»Dann schenkte mir der Altgast einen Igel. Der stellte die Stacheln auf, wenn man sich ihm näherte. Ich dachte mir: von dem habe ich nichts, der sticht nur.«

Alle Tiere sind nicht folgsam.

»Eines Tages kam uns ein Vogel zugeflogen, ein Kanari mit einem wehen Fuß. Wir schafften ihm einen Käfig und pflegten ihn. Dann legte er, was mir damals rätselhaft erschien, ein Ei und brütete es aus. Über das winzige, ganz kahle Vögelchen freute ich mich riesig. Der alte Vogel ließ aber sein Junges verhungern. Ich gab die Leiche in eine Schachtel und stellte sie unter den Diwan. Als sie aber zu riechen begann, begrub ich sie im Hof.«

Sie macht aus allem Pomp.

»Marienkäferchen liebte ich sehr. Wenn ich eins fand, nahm ich eine Schachtel, bohrte Löcher hinein, breitete drin Watte aus, gab ein Blatt darüber und legte das Käferchen vorsichtig darauf. Stundenlang konnte ich mit ihm spielen.« Und wenn es wegflog, fing ich zu weinen an, und niemand konnte mich trösten.«

Dieses Mädchen sucht einen Weg, auf dem sie ihre Überlegenheit ganz kolossal spürt.

»Auf unseren Ausflügen ging der Altgast immer mit. Einmal, als wir nach Neuwaldegg fuhren, blieb er aus irgendeinem Grunde zuhaus. Darüber ärgerte sich die Mutter. Der Vater kannte (sah) ihr das gleich an. Schon am Weg zur Elektrischen begann der Streit.«

Dieses Kind wird frühzeitig in Eifersüchteleien eingeführt und merkt, daß der Vater nicht zufrieden ist, wenn die Mutter sich für andere interessiert. Da ist etwas über das Problem der Eifersucht zu sagen. Es gibt Menschen, die absolut nicht vertragen, wenn ihnen nur ein kleiner Teil des Interesses entzogen wird, die absolut nicht dulden können, daß der Partner ein Buch oder eine Zeitung liest. Es kommt einem komisch vor, wenn sich die Ehegattin entrüstet, wenn der Mann ein Buch liest oder auf einem Ausflug vorausgeht und sie scheinbar vergißt, wenn er in Gesellschaft nicht ununterbrochen mit ihr, sondern auch mit anderen spricht. Solche Fälle sind häufig; es gibt Menschen, die es absolut nicht vertragen können, wenn der Partner jemanden lobt. Die gewöhnliche Antwort ist: »Mit einem solchen Idioten gibst du dich ab!« –

Hier scheint ein eheliches Gefecht im Gang zu sein.

»Mir scheint, du machst ein Gesicht, weil der Altgast nicht mitgeht!«

»Laß mich in Ruh!«

Dazu läßt sich ein Wort sagen. Es klingt bescheiden, und meistens glauben die Menschen, die nichts als Ruhe verlangen, daß es wenig ist. Sie übersehen, daß sie etwas Außerordentliches fordern. Leben heißt Unruhe. Wenn ich meine Ruhe verlange, so heißt das, ich schreibe dem anderen die Gesetze des Handelns vor. So bescheiden das ausschaut, es ist ein Kampfruf.

»Du kannst ihn ja holen! Oder gleich zu Hause bleiben! Zieh mit ihm zusammen, ich hindere Dich nicht! Wenn das Kind nicht wär, wär ich längst über alle Berge!«

Sie sehen, das Kind steht in der Mitte einer ehelichen Szene. Sie weiß, um was es sich da handelt. Sie bekommt Eindrücke, wie es in einer Ehe zugeht. Wenn Sie sich erinnern, haben wir bei diesem Mädchen Züge ausfindig gemacht, aus denen wir schließen, daß man um ihre Zukunft besorgt sein kann. Es ist keine Frage, daß derartige Szenen auf ein Kind einwirken, sie geben ein Bild der Ehe, wie sie es plastischer nicht gewinnen kann. Es ist ein Übelstand, daß wir das Problem der Ehe aus der Ehe unserer Eltern kennen lernen. So kommt es oft vor, daß die Kinder die Ehe ausschalten wollen, weil sie ihnen als schwieriges Problem erscheint, oder den Vorsatz fassen, eine mustergültige Ehe zu führen. Auf beiden Wegen gibt es eine Unmasse von Schwierigkeiten.

»Was habe ich denn von Dir! Nicht einmal ein Paar Strümpfe! Du Knauser! Ein schönes Leben! Wärst bei der Genoveva geblieben!«

Die Genoveva spielt im Vorleben dieses Mannes eine gewisse Rolle.

»Und das Geschimpf ging los.«

Ich möchte Ihnen die Frage vorlegen: ein verzärteltes Kind wird zum Zeugen eines Kampfes zwischen den Eltern gemacht. Sie ist gewöhnt im Mittelpunkt der Aufmerksamkeit zu stehen. Was macht sie, wenn sie sich ausgeschaltet fühlt? Sie muß eingreifen.

»Ich weinte und suchte die Eltern miteinander zu versöhnen. Mir war der Zank entsetzlich.«

Das klingt menschenfreundlich. Wir ahnen, daß es ihr entsetzlich war, weil sie dabei keine Rolle spielte, der reine Niemand war.

»Zitternd (man kann in einer solchen Situation nicht genug tun) stieg ich mit ihnen in die Elektrische. Der Vater machte ein böses Gesicht, die Mutter war wütend.«

Aus dieser Szene allein dürfen wir entnehmen, daß der Vater ein weicher Mensch gewesen ist. So spricht kein Tyrann. Die Mutter war eine Person, die sich nicht durchaus kraftlos gezeigt hat. Sie verstand, ihren Mann zu stellen.

»Die Mutter hatte einen großen Strohhut auf, der nach der damaligen Mode mehr oben saß. Auf einmal, wie die Elektrische saust, kommt ein Wind — wir standen auf der rückwärtigen Plattform des Motorwagens — und reißt ihr den Hut herunter. Der Vater, noch immer kochend vor Zorn, springt in verkehrter Richtung ab und fliegt der Länge nach hin. Die Mutter und ich erschraken furchtbar, die Fahrgäste sprangen von ihren Sitzen auf, der Schaffner läutete, die Elektrische blieb stehen. Passanten halfen dem Vater auf die Beine und fragten ihn, ob ihm etwas geschehen sei. Er war totenblaß und konnte kaum antworten. Der Schaffner schimpfte, die Mutter sagte in einem fort: ›Mein Gott, was liegt mir an dem blöden Hut! Wie kannst Du nur so etwas tun?‹«

Wenn einer so vor Wut kocht, dann sollte er nicht von der fahrenden Tramway abspringen. Es ist immer so, daß einem ein Unglück widerfährt, wenn er mit etwas anderem beschäftigt ist. Wir sind nicht geübt, zwei Dinge auf einmal zu tun, beides ist zuviel.

»Ich hab aber ganz genau gewußt, daß der Vater nicht abgestürzt wäre, wenn er nicht vorher gestritten hätte. Ich war froh, daß es noch glimpflich abgelaufen war: er hatte sich nur ein paar Hautabschürfungen zugezogen.«

Nun kommt eine Bemerkung, die nur individualpsychologisch durchschaut werden kann:

»Das Aufsehen, das wir erregten, war mir sehr peinlich. Alle Leute schauten auf uns.»

So, wie wir das Mädchen betrachtet haben, verstehen wir, daß eine solche Situation ihr nicht angenehm ist. Daß ihr nach so vielen Jahren das Aufsehen noch in Erinnerung ist, das ist das Problem: wie schauen die Leute auf mich? Das Hauptproblem des Neurotikers.

»Ein Wachmann erschien und schrieb den Vater auf. Als wir dann weiterfuhren, hängte ich mich gleich in ihn ein und ließ ihn nicht mehr los.«

Sie steht wieder im Mittelpunkt.

»Auf den Altgast hatte ich eine irrsinnige Wut. ›Wegen diesem verfluchten Hund‹, rief ich aus, ›sind immer solche Streitigkeiten! Den soll der Teufel holen!‹«

Ich glaube, wir haben in einer früheren Betrachtung der Lebensgeschichte dieses Mädchens gesehen, daß sie auch in einem Zustand, den man als gesund ansehen kann, nicht sparsam mit heftigen Invektiven ist. Es wird uns nicht wundern, zu hören, daß dieses Mädchen, wenn es neurotisch wird, in Zwangsideen knallende Worte verwenden wird.

»Seitdem hatte ich nie Lust, mit den Eltern Ausflüge zu machen. Ich fürchtete stets, der Vater könne einmal etwas anstellen, was nicht mehr gutzumachen sei.«

Wir sehen, daß das unliebsame Aufsehen und der Umstand, daß sie im Hintergrund war, nicht sehr ansprechend auf das Mädchen gewirkt haben.

»Soweit ich mich zurückerinnere, immer stritten die Eltern.«

Das ist nicht ganz richtig, aber daß sich das so verdichtet, läßt vermuten, daß sie, was die Lösung der dritten Frage anbelangt, Schwierigkeiten haben wird; sie wird zögern, stocken oder entkommen wollen. Über das Entkommen ist etwas zu sagen: es ist verlockend, anzunehmen, daß es dasselbe ist, wie Flucht in die Krankheit. Dieser Begriff (Griesinger hat ihn 1820 geprägt, manche haben ihn für sich usurpiert) stimmt nicht für die individualpsychologische Auffassung. Es ist oberflächlich zu meinen, daß dieses Mädchen, wenn sie eine Zwangsneurose erwirbt, in die Krankheit flüchtet. Ich habe nichts dagegen, wenn man das bildlich so auszudrücken trachtet, aber der Mechanismus ist ein anderer. Dieses Mädchen weiß nichts von Krankheit, sie konstruiert, arrangiert, baut ihr Leben auf, das die Mediziner Krankheit nennen – ihr liegt es fern, wenn sie auch Zwangsideen hat. Sie kennt ganz gut den Unterschied zwischen einer Lungenentzündung und diesen Ideen. Der Irrtum liegt darin, daß man festgelegt hat: Gesundheit ist auf der einen, Krankheit ist auf der anderen Seite.

»Ein ständiger Anlaß zu Streitigkeiten war es auch, daß der Vater, um die Mutter für seine Arbeit freizubekommen, stets wünschte, die Lina solle mich spazieren führen. Sie las aber lieber Romane. Sie war der reinste Bücherwurm, sie las manchmal sogar bei Mondschein. Wenn die Mutter eine Leibspeise der Lina kochte, wurde der Vater ärgerlich und rief: ›Mit deiner Lina bist du ganz närrisch!‹«

Der Zwist wird zwischen die Kinder getragen, es ist nicht auffällig, wenn sich beide zurückgesetzt fühlen. Der Umstand, daß dieses Kind am Vater hängt, läßt vermuten, daß die Mutter ihre Rolle nicht ganz gut gespielt hat. Dieses Mädchen befindet sich in der zweiten Phase. Aus irgendwelchen Gründen ist es der Mutter nicht gelungen, dieses Kind festzuhalten, dann trat die kritische Haltung gegenüber der Mutter ein. Es ist manchmal schwer herauszubekommen. Ich selbst war meinem Vater mehr zugetan als meiner Mutter, weil er mich mehr verzärtelt hat. Ich konnte es nicht verstehen, warum. Als Menschen mußte ich meine Mutter sicher sehr hoch schätzen – und doch war ich ihr abgewendet. Als ich nachdachte, kam ich zu folgendem Gesichtspunkt. Als ich drei Jahre alt war, war ein jüngerer Bruder gestorben. Ich kam am Tage des Leichenbegängnisses zu meinem Großvater. Die Mutter kam mich abholen, sie weinte heftig. Der Großvater tröstete sie, und ich bemerkte, daß sie lächelte. Später konnte ich es mir erklären, er dürfte sie mit dem Hinweis auf weiteren Kindersegen vertröstet haben. Ich konnte ihr dieses Lächeln viele Jahre nicht verzeihen: wie kann eine Mutter an dem Tage, an dem sie ihr Kind begräbt, lächeln! Später konnte ich es verstehen: ich hätte ja den Schluß ziehen können: wie froh bin ich, daß sie lächelt, an diesem traurigen Tage. Ich war sehr kritisch gegen sie. Eine andere Erinnerung: ein Onkel fragte mich: »Warum bist du so grob zu deiner Mutter?« Ich war also doch in einer Phase der kritischen Haltung gegenüber meiner Mutter. Ich kann es rekonstruieren. Ich war ein krankes Kind. Ich bin in den ersten zwei Jahren von meiner Mutter verzärtelt worden, ich war an diese Verzärtelung gewöhnt. Es kam ein neues Kind zur Welt – das spielt in meiner Erinnerung eine Rolle, wie ein Schnörkel in einer Architektur – ich wurde entthront, die Mutter konnte nicht mehr so zärtlich mit mir sein, da sie sich um das neue Kind kümmern mußte. Ich konnte es ihr nicht verzeihen. Der Vater kam und übernahm in der zweiten Phase die Rolle der Mutter, die ich wünschte. Die kritische Haltung hatte ich lange beibehalten ...

Der Vater ist auch ärgerlich, weil die Mutter für die ältere Stieftochter so viel übrig hat.

»Einmal warf er einen ganzen Topf voll Nockerln zu Boden. Die Mutter wisperte oft mit meiner Schwester. Das konnte der Vater nicht vertragen. Wenn ihn der Zorn übermannte, begann er mit den Zähnen zu knirschen, schmiß ein paar Häferln zu Boden, daß sie in Scherben zerbrachen, zerriß seine Wäsche, trampelte auf seinem Hut herum und drohte, sich etwas anzutun. Oft hörten wir ihn sagen: ›Hätt' ich nur einen Revolver!‹«

Wir wissen schon, der Mann hat eine Neigung zur Eifersucht. Das erscheint erklärlich, wenn die Erinnerung an den ersten Mann auftaucht in der Neigung der Mutter zur älteren Tochter. Wir würden verstehen, wie der Mann zu kurieren wäre, wir müßten ihm zeigen, daß er es nicht verträgt, ausgestochen zu werden. Wir verstehen, daß der Mann sich hilflos fühlt; nur der Hilflose wird zu solchen Mitteln greifen. Dieses Geschrei nach dem Revolver ist typisch, es ist eine Erpressung, die oft vorkommt. Ich war nahezu erschrocken, als ich Gelegenheit hatte, zu sehen, wie oft es vorkommt. Es ist das Blödeste, was einer machen kann. In dem Moment, wo er an den Revolver rührt, ist er abgetan. Es gibt ein paar Sachen in der Ehe, bei denen man sagen kann: wo sie auftauchen, ist die Ehe gesprengt. Wer an den Revolver appelliert, kann die Schlacht nicht gewinnen. Die Waffen nieder!

»Dann rannte er weg, ließ sogar das Essen stehen. Ich hatte den Vater wahnsinnig gern, regte mich dabei furchtbar auf und war in Todesangst um ihn. Während des Streites weinte ich immer, bat ihn, sich zu beruhigen und hielt ihm die Hand. Das besänftigte ihn auch ein wenig, dann lief er aber doch weg. Voller Angst wartete ich, und wenn es länger dauerte, setzte ich mir den Hut auf, ging auf die Straße schauen und suchte ihn im Kaffeehaus. Dort traf ich ihn auch meist, und wir begrüßten uns immer so freudig, als hätten wir uns jahrelang nicht gesehen.«

Wir sehen aus der Schilderung dieser Szene deutlich, wie dieses Kind Zuschauer war bei häuslichen Szenen, wie das Bild dieser Ehe verwirrend in das kindliche Gemüt gefallen ist.

VI. Kapitel

Wir wollen mit der individualpsychologischen Lupe betrachten und den Zusammenhang feststellen. Wir wollen so wie der Naturhistoriker vorgehen, oder wie einer, der ein Kunstwerk betrachtet, und genau nachsehen, wie eines zum andern paßt, so wie der, der die Qualität des Kunstwerkes feststellen will, oder wie wir sagen: den Lebensstil.

Es handelt sich um ein verzärteltes Mädchen, das insbesondere am Vater hängt, die alles durchsetzen kann, was sie will, von der wir für die Zukunft große Schwierigkeiten erwarten können. Wenn ein verzärteltes Kind den Rahmen verläßt, in dem sie in angenehmer Situation war, ist sie nicht trainiert, den gewöhnlichen Schwierigkeiten standzuhalten. Ihr ganzer Lebensstil bekommt etwas Gebremstes. Sie steht da mit einem *ja — aber*! Das ist die Attitüde des Nervösen, vielleicht die kürzeste Fassung, die wir zu finden in der Lage sind. Nun kommt in dieser Biographie viel vor, was nicht sehr wichtig ist, Beziehungen von sozialen Verhältnissen und Personen, die ihr Schicksal minimal berühren. Auch das ist in Betracht zu ziehen.

»Häufig war der Vater traurig. Die Ursache davon soll meine ungewöhnliche körperliche Schwäche gewesen sein.«

Wir sehen, wie sehr sie davon beeinflußt ist, daß der Vater sich um sie kümmert, daß sein Leben ihr geweiht ist.

»Und wenn er einmal gut gelaunt war und scherzte, kam tags darauf sofort der Rückschlag.«

Wir erinnern uns, daß sie das einzige Kind dieses Mannes war.

»Ohne ein Wort zu sprechen und mit betrübter Miene saß er in seiner gewohnten Stellung: den einen Fuß ausgestreckt, den anderen eingezogen, oder mit gekreuzten Beinen auf dem Arbeitstisch, nähte und nähte; und wenn man ihn ansprach, antwortete er geistesabwesend. Das ärgerte stets die Mutter, und so entstand wieder Streit.«

Sie erinnern sich, daß dieses Mädchen vollständig durchdrungen war von der Stellung des Vaters zu ihr.

»Während einer erregten Auseinandersetzung schlug der Vater mit der Faust in die Glastür hinein und verletzte sich ziemlich schwer an der Hand.«

Daß da dem Mädchen die durchaus andersartige Haltung des

Mannes der Frau gegenüber aufgefallen ist, ist selbstverständlich, sie fühlt sich der Mutter überlegen.

»Nun konnte er einige Wochen nicht arbeiten und mußte täglich den Arzt aufsuchen. Damals ging er viel mit mir aus. Ich schämte mich aber mit ihm allein zu sein, ich wollte, daß auch die Mutter dabei sei.«

Das ist eine interessante Bemerkung. Es ist klar, daß das Kind gegenüber der Mutter ein Schuldgefühl hat. Es war ihr gelungen, die Mutter zu verdrängen, daher das Schuldgefühl. Wir haben gesehen, wie dieses Mädchen unter allen Umständen die Überlegene sein will, auch der Mutter gegenüber. Wenn einer daran zweifelt, daß aus einer solchen Haltung ein Schuldgefühl entsteht, daß sie aus Machtgier allein der Mutter den Platz streitig macht, kann man nicht weiter diskutieren. – Andere Autoren würden sagen: so ein Schuldgefühl kann nur aus dem Ödipus-Komplex entstehen, weil dieses Mädchen, wenn man es abgeschwächt sagt, den Vater libidinös verlangt oder von ihm ein Kind haben will, was nicht mehr sehr abgeschwächt ist. Da muß man ihnen gegenüber sagen: es ist eine traurige Sache, denn bei anderen heißt es, daß die Mädchen keinen Ödipus-Komplex haben. Hier ist der Moment, wo der, der sich mit Machtbeziehungen noch nicht auskennt, es so sehen könnte, wie wenn das Mädchen etwas haben wollte, aber zurückschreckt. Das ist durch andere Gedankengänge hier bestätigt.

»Wenn die Mutter mit einer Nachbarin tratschte, geriet der Vater gleich außer sich. Er war auf jedermann eifersüchtig, am meisten aber auf den Altgast, der auch wirklich ein Aug auf die Mutter hatte.«

Wir wissen nicht, wie alt das Kind war, als ihr diese Eindrücke kamen. Sie wirft die Zeitverhältnisse durcheinander. Wenn sie ein kleines Kind gewesen ist, so hatte sie ein scharfes Auge für Vorgänge in ihrer Umgebung. Es ist ihr deutlich die Stellungnahme der einzelnen Personen aufgegangen. Es ist ein Weg zur Menschenkenntnis, wenn der Mensch mitten darin steht in den sozialen Beziehungen. Eine derartig feine psychologische Witterung wird nie jemand bekommen, der immer behütet war, vor dem man nichts gesprochen hat. Kinder haben ein um so feineres psychologisches Verständnis, je mehr sich alle Beziehungen im Hause vor ihnen abspielen. Nun sagt aber die Pädagogik, man möge gewisse Streitigkeiten, Spannungen vor Kindern nicht entwickeln. Wir werden nicht behaupten, daß wir ein allgemein gültiges Rezept haben. Die Individualpsychologie ist in einer guten Situation. Es kommt nicht darauf an, was vor sich geht, sondern daß das Kind mit der Umgebung verwächst, daß es Gemeinschaftsgefühl entwickelt, dann können ihm die Schwierigkeiten nichts anhaben! Es ist hier ein eigenartiger Fall, der die Unbesonnenheit der sexuellen Aufklärer aufdeckt. Sie sagen, das Kind werde irregeführt durch Schulkollegen. Es gibt auch außerhalb des Sexuellen genug ekelhafte Dinge. Haben wir alles ganz geglaubt, als wir Kinder waren? Als ich klein war, erzählte mir ein Knabe, daß ein Fleischhauer Menschen geschlachtet und das Fleisch verkauft habe. Ich habe es nicht geglaubt. So ist es auch mit der sexuellen Aufklärung. Es besteht oft der allergrößte Zweifel, sogar auch an richtigen Dingen. Die Kinder müssen richtig verbunden sein, damit sie sich auf der nützlichen Seite des Lebens halten können.

»Als wieder einmal bei einem Spaziergang seinetwegen gezankt wurde, hob der Vater den Stock, drohte der Mutter und traf mich dabei auf der Stirn. Ich trug eine nußgroße Beule davon. Der Vater gebärdete sich ganz verzeifelt. In meinem Zorn auf den Altgast sagte ich: ›Komm Vater, gehen wir und lassen wir die Mutter zurück.‹«

Sie sehen den Kampf des Kindes. Sie nützt alles aus, um über die Mutter zu siegen.

»Die Mutter hatte es aber nicht gut. Sie war eine hübsche und lustige Frau, und der Vater vertrieb ihr alle Lustigkeit. Er wollte sie bloß zur Arbeit einspannen, fürs Haus und für die Schneiderei.«

Wir können sicher sein, daß die Feststellung dieser Tatsache nicht ohne Schaden verlaufen ist. Es ist sicher, daß dieses Kind das Schicksal der Mutter zu fürchten beginnen wird. Ein solches Schicksal kann die Konstellation des Lebens ändern, sie fürchtet, sie könnte das Schicksal der Mutter erleben. Das ist bedenklich, weil das Mißtrauen anwächst, das Mißtrauen gegen Liebe und Ehe. Sie wird nicht mehr unbefangen sein, sie wird lauern, ob nicht solche Spuren auftauchen, ob man sie nicht einspannen will. Sie wird lauern, sie wird auszuweichen trachten.

»Eine Abends brachte der Vater aus dem Café S. einen kleinen, mit Perlmutter ausgelegten Revolver nach Hause, den er unter der Hand gekauft hatte. Die Mutter und ich erinnerten uns seiner häufigen Selbstmorddrohungen und gaben nicht eher Ruhe, als bis er ihn ins Café zurücktrug. — Ich zitterte immer, wenn ein Streit anging — und es war fast immer Streit.«

Dieses Zittern der Kinder beim Streit der Eltern ist nicht so einfach. Es spielt da der Umstand mit, daß sie dabei in ein Nichts zu verschwinden droht. Zwei beschäftigen sich, ohne auf sie Rücksicht zu nehmen. Viele Einmengungen von Kindern sind darauf zurückzuführen, weil sie es nicht vertragen, nicht beachtet zu werden.

»Trotzdem liebte ich meine Eltern wie ein Heiligtum und

wachte eifersüchtig über sie. Als ich einmal merkte, daß der Vater einem Mädel nachging, hängte ich mich in ihn ein und schrie: ›Du wirst der nicht nachsteigen mit dem Affengesicht!‹«

Uns wundert das nicht. Es scheint weniger ihr Ziel gewesen zu sein, die Harmonie der Ehe zu wahren, als der Umstand, daß sie für ihre eigene Macht zu fürchten begann. Das ist oft die Wurzel der Eifersucht, insbesondere dort, wo von Liebe kaum mehr die Rede ist, wo es nur mehr auf Verteilung der Machtverhältnisse ankommt.

»Und er mußte mit mir nach Hause zurück. Und wenn er irgend eine hübsch nannte, fand ich gleich: ›Dir gefallen lauter so Frauen mit Affengesichtern.‹«

Das ist der Ausdruck der Eifersucht.

›Als ich eines Abends aus dem Kino nach Hause kam, traf ich die Mutter in großer Aufregung an. Der Vater war liefern gegangen. Sie erzählte mir, unser alter Gehilfe sei frech geworden und hätte sie überfallen wollen. Ich verstand zwar nicht genau, was er eigentlich von ihr hatte wollen, hab aber getobt und geflucht und schrie: ›Dieser verfluchte Kerl — wenn ich den erwisch, schlag ich ihm den Schädel ein.‹«

»Meine beste Freundin war meine Mitschülerin Olga. Sie ging auf alles ein.«

Das hätten wir erraten können. Sie werden alle bemerkt haben, daß dieses Mädchen einen außerordentlich guten Blick, eine Neigung für alles Sehbare hat:

»Wir spielten zusammen Theater.«

Da ist wieder die Darstellung von etwas Sehbarem. Diejenigen, die sich schon länger mit Individualpsychologie beschäftigen, wissen, daß wir den Nachweis führen konnten, daß ein derartiges Interesse trainiert sein muß. Das Training muß aufgestachelt werden, die Ursache davon muß eine frühe kindliche Erschwerung des Sehens gewesen sein. Das sind Kinder, die an kleinen Augenfehlern leiden. Wir werden vermuten, daß bei diesem Kind sich ähnliches abgespielt hat. Das Training für das Sehen ist außerordentlich stark. Zur Kunst, eine Lebensgeschichte zu lesen, gehört es auch, daß wir solche Bestätigungen für später erwarten. Derartige Punkte müssen also besonders ins Auge gefaßt werden. Bei sehr vielen dramatischen Dichtern waren auch Augenfehler vorhanden: aus diesen ist das Training entstanden. Es gehört die Fähigkeit des Sehens dazu, sich eine Vorstellung über das Szenische zu machen. Dies ist leichter für den, der das Problem des Sehens weiter in den Vordergrund geschoben hat. Es ist ein Nachteil dabei: die Überbetonung des Problems — aber auch ein Vorteil; wir sehen das aus unseren Anmerkungen über die Kunst.

»Wir zogen uns lange Röcke an, banden uns Schleier um, und ihr Bruder war irgend ein Zigeuner, ein Räuberhauptmann, der mich raubte. Er wurde mir aber allmählich lästig. Er wollte uns nie allein lassen.«

Hier sehen Sie die besondere Zuneigung zu Mädchen und die Ablehnung des Knaben. Er stört sie. Eine Neigung, die man öfters findet, daß Kinder nur mit dem gleichgeschlechtlichen Partner beisammen sein wollen. Dabei ist noch zu bedenken, daß sich die Mädchen schneller entwickeln. Wenn der Junge nicht viel älter war, können wir verstehen, daß die Mädchen sich geistig überlegen gefühlt haben. Vielleicht war das der Grund zur Ablehnung.

»Einmal sperrte ich mich mit ihr in ihrem Kabinett ein. Wir entkleideten uns, sprangen nackt herum und betrachteten uns von vorn und rückwärts im Spiegel.«

Wieder die Neigung, zu sehen.

»Und weil wir davon etwas läuten gehört hatten, daß man zu zweit Unkeuschheiten begehen könnte, legten wir uns abwechselnd eine auf die andere. Wir waren sehr enttäuscht, als wir dabei nicht das Mindeste spürten. — Draußen aber weinte der Bub.«

Nun hören wir einen anderen Grund. — Es ist notwendig, hier ein gewichtiges Problem zu streifen. Es könnte da einer von einer homosexuellen Komponente sprechen. Wer auf der Oberfläche verbleibt, der wird das so auffassen, als ob in ihr irgend etwas durchbräche, was in ihr vorhanden ist. Sie hören: dieses Mädchen hat eine Freundin, die auf alles eingeht. Der Bub ist ihr lästig. Wenn wir bedenken, daß in der Kindheit, sobald sich sexuelle Wünsche zeigen, nichts so sehr mit Schreck empfunden wird, als die Entwicklung normaler Beziehungen, dann werden Sie verstehen, daß Kinder, die sich in sexueller Beziehung entwickeln, abnormale Beziehungen zeigen. Seien es Beziehungen, die homosexuell ausschauen oder Selbstbefriedigung, es ist nur der schäbige Rest der Sexualität. Es ist nicht die natürliche Entwicklung der Libido, das Normale ist ausgeschaltet durch Schreck und Angst. Schauen Sie einmal dorthin, wo die Kinder nicht überwacht werden, in die Elendshäuser, wo sie kunterbunt durcheinander liegen, dann finden Sie, daß keine andere Entwicklung der Libido stattfindet als die normale. Da gibt es Kinder von fünf, acht Jahren, die normale Beziehungen haben. Soll man annehmen, daß nur die Entwicklung von wohlhabenden Kindern »polymorph-pervers« ist? Die individualpsychologische Annahme ist richtiger. Den Eltern ist es unangenehm, es gibt oft Wichse, wenn ein Kind Selbstbefriedigung treibt, — aber denken Sie an den Fall, wenn ein Kind normale Beziehungen hätte. Das würde dem Faß den Boden ausschlagen! Ich erinnere mich an die Entwicklung von solchen Kindern, die es gewagt haben, die solche Kosten zahlen mußten, daß sie zum Schluß homosexuell geworden sind. Sie haben die Norm beseitigt, die Entwicklung der Libido ist in umgekehrter Richtung gegangen.

»Ich weiß nicht mehr, wer mir einmal gesagt hatte, daß die Liebe stirbt, wenn man eine Nähnadel herschenkt. Jedenfalls glaubte ich daran. Ich besprach mich nun mit der Olga und wir beschlossen, diesen Zauber ihrem Bruder gegenüber anzuwenden. Ich nahm eine Nadel, brach sie entzwei, gab ihm die eine Hälfte und redete ihm ein, das hefte unsere Freundschaft erst recht zusammen, das bedeute ewige Treue. Er steckte die Nadel glückselig zu sich. Da lachte ich und sagte: ›Daß du es weißt, mit deiner Liebe ist es jetzt aus, denn die Nadel bedeutet, daß die Liebe zerstochen ist!‹«

Was tat der Knabe?

»Darauf begann er bitterlich zu weinen.«

Der war offenbar in der Entwicklung stark voraus.

»Beinahe tat er mir leid. — Nach einer Zeit fiel es mir ein, ihm zu sagen, eine Zigeunerin hätte mir geweissagt, ich würde mit achtzehn Jahren sterben.«

Dieses Motiv kehrt recht häufig wieder, daß irgendwer eine Zeit festsetzt, von der er behauptet, sterben zu müssen. Wenn wir unsere Fangfrage stellen: Was geschieht bei der Gelegenheit? so fangen wir an, durch den Schleier zu sehen. 1. Wenn sie das annimmt, dann ist sie enthoben, dann braucht sie nichts mehr zu machen. Das ist der eine Schlußeffekt. Was immer kommt, es ist für sie keine Aufgabe mehr, eine Situation, die dem verzärtelten Kinde gut paßt. 2. Wenn ein Mädchen so etwas behauptet, rückt sie sich in den Mittelpunkt des Interesses. Man wird so irritiert, daß man ein solches Geschöpf zarter behandelt, eine Folge der Sehnsucht nach Verzärtelung.

»Darüber war der Knabe trostlos. Die Tränen rollten ihm nur so herunter. Auch ich war sehr gerührt. Ich hatte so überzeugend gesprochen, daß ich schon selbst daran glaubte.«

Ich weiß nicht, ob ich diese Eigenart bei dem Mädchen schon hervorgehoben habe. Wir finden das nicht selten. Ich brauche nur an den pathologischen Lügner zu erinnern, ich muß dabei auch an alle Fälle von Neurose und Psychose denken. Da glaubt der Patient auch das, was er sagt: »Unsere Familie wird zugrunde gehen!« Er fühlt das so, daß er erschüttert wird. Der Mensch hat die Fähigkeit, das, was er sagt, auch zu glauben. (Hamlet: »Was ist ihm Hebuka?«) Die Einfühlung spielt eine viel größere Rolle, als man heute noch ahnt. Wir können gar nicht perzipieren und apperzipieren, ohne uns einzufühlen. Ich habe, so komisch es klingt, die Überzeugung, daß ich mich in einen Hut einfühlen kann. Es ist sonderbar, wenn einer beim Kegelspiel zuschaut, wohin die Kugel läuft, so beginnt er zu wackeln, als ob er selbst die Kugel wäre. Darüber wird in der Individualpsychologie noch gearbeitet werden müssen, die Einfühlung ist eine viel gewaltigere Tatsache, als man geglaubt hat. Natürlich wird diese Einfühlung stark hervortreten, wenn sie sich dem Endziel geeignet erweist. Das Mädchen sieht es gern, wenn der Junge weint, deshalb spricht sie mit Überzeugung davon.

»Der Bub war närrisch verliebt in mich. Ich muß heute staunen, wie ein Kind von neun Jahren so lieben kann.«

Wir sehen auch hier schon Erfahrung über Liebe bei einem Kind von acht Jahren. Diejenigen, die die Augen offen haben, werden sich nicht wundern. Wir kennen solche Neigung in früher Zeit. Viele sind ehrlich verliebt in das andere Geschlecht mit vier oder sechs Jahren.

»Im H.-Park lernte ich die Minna kennen. Ihr Vater war Zahlmarkör in einem Stadtkaffeehaus. Sie lud mich zu sich ein. Sie hatte ein eigenes Kinderzimmer, eine Menge Spielsachen, ein Kinderservice, eine kleine Kredenz, sogar Puppengeschirr; und immer Geld zum Naschen.«

Wir können ahnen, was dabei herauskommt. Sie mit den elenden zwei Räumen, das Mädchen mit der noblen Wohnung, das gibt Schwierigkeiten. Sie wird es kaum über sich bringen, das Mädchen zu sich einzuladen. Sie wird lügen müssen.

»Nun bedrückte mich folgendes: die Minna wartete schon darauf, von mir eingeladen zu werden. Ich genierte mich aber vor ihr, weil wir bloß Zimmer und Küche hatten, ebenerdig wohnten und auch nicht so schön eingerichtet waren wie sie. Als sie wieder einmal vor unserem Haus stand, sagte ich zu ihr: »Schau im ersten Stock droben, dort ist unsere Wohnung. Der ganze erste Stock gehört uns. Den Schlüssel dazu hebt aber die Mutter auf. Parterre haben wir auch ein Zimmer, da ist aber nur wenig Platz.« Und sie blickte neugierig hinauf. Ich wußte immer eine andere Ausrede. Eines Tages war ich verhindert, die Verabredung mit ihr einzuhalten. Ich hatte etwas zu besorgen und konnte sie nicht rechtzeitig verständigen. So wartete und wartete sie vor unserem Haus und ich kam nicht. Endlich faßte sie Mut, ging hinein und klopfte bei uns an. Als ich bei meiner Rückkehr die Minna erblickte, war ich im ersten Augenblick sehr verlegen. Ich sah es ihr aber gleich an, daß sie sich bei uns wohl fühlte und das beruhigte mich. Im Lauf des Gesprächs fragte sie, ob wir nicht hinaufgehen können. Ich erwiderte schlagfertig: ›Heut nicht . . . Es ist noch nicht aufgeräumt.‹ — Bald darauf aber erfuhr sie die Wahrheit und wir lachten beide über meine Protzerei. Wir trafen uns nun fast täglich, und ich vernachlässigte dadurch die Olga. Am liebsten spielten wir kochen. ›Kocherl‹ nannten wir es.

Wir streuten Schokolade und Apfelschnitten auf Milch und aßen den Papp auf. Wir kauften uns ›Russen‹ und Gurken. Und um fünf Kreuzer gingen wir ins Kino. Wenn aber Kinder keinen Zutritt hatten, wurden wir wild und beschimpften den Kinobesitzer. Dann lasen wir Märchen zusammen und auch schon Bücher, die für unser Alter noch nicht paßten. Ich erinnere mich an eines, das ich im Kasten der Lina fand, »Julchens Heirat« von Prevost. Darin ist von einer Brautnacht die Rede, worüber ich mir entsetzlich den Kopf zerbrach. Ich konnte die Zweideutigkeiten nicht verstehen. Und einmal bekam ich ein Buch der Schobert in die Hand: ›Die Kinder der Geschiedenen‹, die Lebens- und Liebesgeschichte eines zwölf- oder dreizehnjährigen Knaben. Am Schluß erschießt sich der Bub, was mich tagelang traurig stimmte. Ich grübelte darüber nach, was eigentlich die Ursache davon sei. Und sogar Ibsen las ich schon in der vierten Volksschulklasse, natürlich ohne ihn zu verstehen. Warum sich zum Beispiel die Hedda Gabler erschießt, auch das konnte ich nicht begreifen.«

Das begreifen auch Ältere oft nicht.

»Aus den Büchern suchte ich Lehren zu ziehen, Menschenkenntnis zu gewinnen.«

Dies eröffnet uns ein Geheimnis der vielen Kinder, die unausgesetzt Bücher lesen. Sie wollen die Lücken ihrer Menschenkenntnis zustopfen. Sie übernehmen nicht alles unbesehen, sie prüfen und vergleichen, sie tun dasselbe, wenn sie ins Kino, ins Theater gehen. Das stärkste Interesse an der schönen Literatur rührt davon her, daß wir sehen können, wie einer seine Probleme löst. Wir sehen ihm da scharf auf die Finger.

»Mittlerweile hatte sich der Vater als selbständiger Schneider etabliert. Unsere Wohnung diente zugleich auch als Werkstatt und Geschäftsraum, wodurch wir überaus beengt wurden. Sonst ging es uns damals nicht schlecht. Der Vater konnte sogar neue Möbel auf Abzahlung nehmen, zwei Kästen, einen Tisch, Sessel und Betten. Vor Weihnachten gab es einmal so viel zu tun — Postarbeit —, daß die Mutter, die stets mithelfen mußte, keine Zeit fand, etwas zu kochen. Das verdroß mich sehr.«

Dieses Kind sieht auf Ordnung bei den anderen!

»Die Mutter der Minna traf großartige Vorbereitungen. Dort wurde schon seit Tagen gebacken, bei uns nichts als genäht. Am heiligen Abend ging die Mutter mit dem Vater liefern. Die Lina, die wegen Platzmangels von uns ausgezogen war, nahm mich zu ihrer Zimmerfrau mit. Bei der stand ein kleinwinziger Christbaum. Es ging zwar recht feierlich zu — das Nachtmahl indes bestand nur aus Herin-

gen in Aspik, was mir gar nicht behagte. Als uns die Eltern dann abholten, klagte ich: ›Am Heiligen Abend muß ich einen Hering in Aspik essen!‹ Der Vater erwiderte, er hätte jetzt genug Geld, wir könnten in einem Gasthaus essen. Ich hatte aber schon alle Lust verloren. Zu Haus war wohl ein Christbaum hergerichtet, und ich bekam auch, was ich mir gewünscht hatte: ein Kinderservice, wie das der Minna, und ein Ariston, das ist ein kleines Drehwerkel — aber die Stimmung war zerstört.«

Sie ist streng; wenn nicht alles klappt, ist die Stimmung zerstört.

»Am nächsten Tag besuchte ich die Minna. Sie hatte einen riesigen Christbaum mit elektrischen Kerzen und eine Unmenge Geschenke lagen auf ihrem Tisch. Ich beneidete sie zwar nicht darum ... «

Diese Neidlosigkeit könnte Stolz sein.

». . . als mich aber ihre Mutter fragte, was ich denn erhalten hätte, spielte ich plötzlich die ganz Arme und sagte: ›Gar nichts‹«.

Da liegt der verhaltene Groll darin, gleichzeitig eine Bettlergebärde. Auf diesen Zug müssen wir achten. Sich klein machen, um desto wirkungsvoller in Erscheinung zu treten, das ist die Bettlerattitüde.

»Da wurde ich sehr bedauert und man beeilte sich, mir ein schönes Märchenbuch und allerhand Bäckereien zu schenken. — Unter unseren Kunden war ein junger Mann, der auch seine Freundin zu uns brachte, eine geschiedene Frau, die eine Tochter in meinem Alter hatte. Dieses Kind soll mir stark ähnlich gesehen haben. Offenbar war dies der Grund, daß ihre Mutter eine besondere Zuneigung zu mir faßte. Sie führte mich auch oft aus. Als sie nun im Sommer eine Villa in Rodaun bezog, lud sie mich zu sich ein. Nur ungern ließ mich der Vater fort. Die Minna fuhr jedes Jahr im Sommer aufs Land — für mich war Rodaun der erste Landaufenthalt und auf langehin der einzige. Obwohl ich draußen äußerst freundlich behandelt wurde und ich mich auch mit dem Mäderl sehr gut verstand, befiel mich schon nach zwei Tagen solches Heimweh, daß ich ununterbrochen weinte und stürmisch nach Hause verlangte.«

Hier ist etwas über die Psychologie des Heimwehs zu sagen. Niemand hat Heimweh, der nicht die Empfindung hat, daß er es zu Hause besser hat. Das kommt bei verzärtelten Kindern vor. Sie scheint es ja gut gehabt zu haben, — aber die Situation hat sich doch verschlimmert: zu Hause war sie im Mittelpunkt, in der Landwohnung das kleine Mädchen, daher das Heimweh. Man soll solchem Heimweh nachgeben, sie ist nicht vorbereitet für die Änderung der Situation.

»Es blieb nichts übrig, als mich schleunigst zurückzubringen.«

»Die Lina ließ sich ein Jahr lang als Instrumentarin ausbilden. Damals hatte sie einen entsetzlichen Karbolgeruch an sich. Sie war in einen Tschechen verliebt. Hie und da schickte sie mich zu ihm mit einem Brief. Einmal öffnete mir die Zimmerfrau und sagte: ›Nicht wahr, Sie sind die Schwester vom Fräulein Rosa?‹ und erzählte mir irgendeinen Tratsch.

Wie früh dieses Kind des Volkes in Beziehungen der Liebe eingeweiht wird.

»Ich berichtete meiner Schwester von dieser Rosa. Sie wußte aber schon davon. Oft weinte sie. Der Vater und ich mußten sie trösten. Als der Tscheche in seine Heimat zurückfuhr, nahm sie ihm zulieb eine Stelle in einem Prager Spital an. Vergeblich hatten wir ihr davon abgeredet. Ihre Abreise kränkte mich sehr.«

Warum? Sie verliert eine Person ihres Hofstaates. Wenn Sie sich die Situation vergrößert vorstellen, gelangen Sie zur Angstneurose, die es mit sich bringt, daß ein solcher Mensch einen Hofstaat um sich haben muß. Daß er dadurch eine ungeheure Machtstellung gewinnt, geht ihm nicht auf.

VII. Kapitel

»Ich vergaß bisher die Tilde zu erwähnen, meine früheste Freundin. Mit vier oder fünf Jahren lernte ich sie auf der Straße kennen.«

Es ist ihr trotz der Verzärtelung möglich gewesen, Kinder auf der Straße kennenzulernen. Es gibt wohl wenig Gelegenheit für ein Kind, so viel an Menschenkenntnis zu erwerben, so viel an Schlagfertigkeit, Erkenntnis des anderen und seiner selbst, als im freien Aufwachsen auf der Straße. Wenn wir gewisse Übel fernhalten könnten, wäre es ein gutes Erziehungsprinzip. Wenn wir etwas an Überwachung aufbringen könnten, wenn wir einigermaßen sicher sein könnten, daß sich nicht unlautere Elemente einmischen, die die Kinder verführen können, so erscheint es mir, daß hier eine so vielseitige Erfahrung möglich ist, wie sonst vielleicht nirgends. Die gegenseitige Rivalität, das Streben, den Zusammenhang festzustellen und ihn zu beeinflussen, das ist die Urform des gemeinschaftlichen Lebens. Leichter wird es sein, wo in der großen Stadt Möglichkeiten gegeben sind, oder wie es früher einmal in unserer Stadt gewesen ist, wo ein Wagen vorsichtig herangekommen ist und Rücksicht auf die Kinder genommen hat. Heute ist Wien nicht mehr geeignet, das Straßenleben der Kinder in größerem Maße zu ermöglichen. Ich will darauf hinweisen, vielleicht steht es im Zusammenhang damit, daß wir bei diesem Mädchen einen großen kennerischen Blick beobachten. Wenn sie auch einer gewissen Entwicklung, der Entwicklung zur Neurose, nicht entronnen ist, so hat sie doch eine außerordentliche Gewandtheit in der Kombination.

»Sie stieg eben auf einen Leiterwagen hinauf, ich kletterte ihr nach, wir knüpften ein Gespräch an, spielten zusammen und verabredeten uns für den nächsten Tag an derselben Stelle. Ihre Mutter hatte ein Zuckerlgeschäft in unserer Nähe. In der vierten Volksschulklasse traf ich sie wieder häufig. Sie erzählte mir von ihrem Verehrer, einem zehnjährigen Buben, dem Heinrich, der ihr auch schon die Heirat versprochen hätte.«

Wir sehen, wie weit die Vorbereitung für das zukünftige Leben im zehnten Lebensjahr gegangen ist.

»Als ich mit ihm bekannt wurde, bemühte ich mich gleich«

— Was zu tun? —

»ihn ihr abspenstig zu machen,«

Dieses Mädchen, das gewohnt ist, im Mittelpunkt zu stehen, muß diesen Weg gehen, wenn es in eine solche Situation kommt.

»was mir auch halb und halb gelang. Wir gingen zu dritt ins Kino, schlichen in den Irrenhausgarten und spielten dort Heiraten.«

Das sind die ersten Anfänge sexueller Beziehung. Man wird diese Spiele, Doktor-Spiele, Vater-und-Mutter-Spiele, in der ganzen Welt verbreitet finden. Die Kinder erfinden sie selbst. Mich wundert, daß niemand noch darauf gekommen ist, eine archaische Sprache darin zu entdecken. Es ist eine überflüssige Spekulation, daß das Individuum die ganze Geschichte der Menschheit wiederholen müßte. Jedes Individuum wird zu dem gleichen Kunstgriff gedrängt, auch ohne die ganze Geschichte der Menschheit wiederholen zu müssen.

»Unter uns war oft die Rede von einem Freund des Heinrich, der sehr hübsch, aber auch sehr arrogant sei und sich aus Mädeln nichts mache.«

Wir sehen, wie die Verschiedenheit des Lebens der Kinder Urformen darstellt des späteren Lebens. Die Kinder sind damit vertraut, auch damit, wie sie sich zu benehmen haben. Unserer Heldin imponierte das.

»Das imponierte mir, und ich bat die Tilde, mir seine Bekanntschaft zu vermitteln. Als sie ihm von mir sprach, soll er gesagt haben, er werde sich halt das Madel anschaun.«

Ich weiß nicht, ob Sie alle mit mir empfinden, wie in diesen Äußerungen, Erinnerungen, das Mädchen eine untergeordnete Rolle spielt. Es bedarf keiner langen Erklärung, der Hinweis darauf, daß der Junge sich aus Mädeln nichts mache, genügt, d. h. »wir sind verurteilt auf die Buben zu warten«. Seine Ausdrucksweise ist herablassend, sie wird von dem Mädchen verstanden, aufgefaßt und festgehalten. Wer diesen tiefen Unterton nicht heraushört, wer nicht so musikalisch ist, das entnehmen zu können, mit dem kann man nicht diskutieren, wer das übersehen könnte, der wird nicht mit uns gehen wollen.

»Am Treffort war die Tilde zugegen. Wir stiefelten umher, und bald kam das Gespräch auf Küsse. Ich behauptete, ich würde mich nie in meinem ganzen Leben von jemand küssen lassen. Er erwiderte, er werde mir schon das Gegenteil beweisen, und sei es mit Gewalt. Ich nahm das nicht ernst. Als wir aber den Freiheitsplatz überquerten, — es dämmerte schon — packte er mich plötzlich. Ich wehrte mich verzweifelt, rief auch die Tilde zu Hilfe, und so konnte ich mich mühsam befreien.«

Auch hier kehrt das Bild wieder. Der Mann ist der Angreifer, das Mädchen das gehetzte Wild – wie schwer es ist, wie man da vorsichtig sein muß, sich solcher Angriffe zu erwehren.

»Ich warf ihm nun seine Keckheit vor und bedeutete ihm, ein gestohlener Kuß sei nicht dasselbe wie ein freiwilliger.«

Sie sehen, wie das zehnjährige Mädchen argumentieren kann, sie hat es in ihrer Gemeinschaft gelernt.

»Und daß ich, wenn ich ein Bub wäre, mich gar nicht darum reißen würde, einen Kuß zu stehlen.«

Sie degradiert ihm hiermit.

»Vorsichtig schritt ich neben ihm weiter. Am meisten ärgerte mich, daß er mir Hut und Frisur in Unordnung gebracht hatte. Bald darauf ließ er mich durch die Tilde auffordern, mich endgültig zu erklären, ich hatte aber kein Verlangen, ihn wiederzusehen. Da ich mich überzeugt hatte, daß er erreichbar war, interessierte er mich nicht mehr.«

Wir sehen hier, daß in der Lösung der Liebesfrage dieses Mädchens sicherlich all ihr Begehren sich in der Linie des Machtdranges, des Geltungsstrebens entwickelt. Dr. Holub hat heute aus einer Arbeit eines teilweisen Anhängers und Gegners vorgelesen, »wie wir auf Irrwegen wandeln«, weil wir Individualpsychologen glauben, daß Liebe ein Nebenkriegsschauplatz sei, wo Geltungsstreben herrscht. Daß hier Geltungsstreben herrscht und alle Gefühle in seinen Bann zwingt, kann niemand entgehen. Es kann sein, daß es im Falle Levy-Suhls nicht zutrifft, hier trifft es zu.

»In der fünften Klasse befreundete ich mich mit einem Mädel, das von einer anderen Schule zu uns herübergekommen war, der Soffi. Sie konnte Klavier spielen – darum beneidete ich sie.«

Sie sehen, wir ihr Geltungsstreben nach allen Richtungen geht.

»Ich wünschte mir seit langem ein Klavier.«

Ich weiß an dieser Stelle genau, daß übelerfahrene Gegner hier einwenden werden: ob das eine Sünde sei, daß sie Klavierspielen wolle? Wir finden es gewiß wertvoll – aber ist das alles? Da könnte ja kommen, was immer, sie würde sagen: ich will das auch haben, ich will alles auch haben! Das ist charakteristisch, nicht das Klavier. Es gibt im ganzen Leben nichts, was in den Vordergrund geschoben werden könnte, ohne daß der Ablauf des Lebens gestört würde. Reinlichkeit ist eine wertvolle Sache – aber wenn ich diese Angelegenheit in den Vordergrund meines Lebens schiebe und ununterbrochen daran denke, alles rein zu machen, dann werde ich nicht nur alle anderen notwendigen Aufgaben fallen lassen, ich werde entdecken, daß alles so schmutzig ist, daß es nicht der Mühe wert ist zu leben. So gelangt man zum Waschzwang. Der Mensch sagt, daß überall etwas Schmtziges sei. Hat er recht? Wir wollen nicht diskutieren. Wenn wir das zum Mittelpunkt des Lebens erheben, können wir nicht leben. So ist es auch mit der Sexualität. Wenn ich die Sexualität zum Mittelpunkt des Lebens mache, dann wird die Welt so verkehrt, daß ich nicht weiß, wo links und rechts ist. Um zu begreifen, daß einer diese, der andere jene Probleme in den Vordergrund schiebt, müssen wir verstehen, daß alles aus der Kindheit stammt und deshalb falsch sein muß, weil das Kind nicht der absoluten Wahrheit nahekommen kann. Sicher ist, daß wir dadurch die Harmonie des Lebens zerstören. Und doch gibt es ein Prinzip, von dem ich mich überzeugen kann, daß es das Leben nicht stören könnte, selbst, wenn es überbetont wird. Das ist das Gemeinschaftsgefühl. Wenn ich mich auf den Standpunkt stelle, unter allen Umständen den Weg des allgemein Nützlichen zu betreten, kann ich keine Fehler machen. Ich wäre sehr dankbar, wenn mir einer tatsächlich ein richtiges Argument dagegen nachweisen könnte. Da hören wir den Einwand: »die Persönlichkeit geht verloren.« Ich muß Persönlichkeit entwickeln, um der Allgemeinheit nützlich zu sein. Ich muß mich in eine dazu gehörige passende Fasson bringen der Allgemeinheit gegenüber. — Hier aber handelt es sich um ein außerordentlich vergrößertes Geltungsstreben. Das Ziel der Überlegenheit ist auch in dem Verlangen nach dem Klavier konkretisiert.

»Die Pflegeeltern der Soffi — ihre Eltern lebten nicht mehr — hatten eine Greislerei, wo meine Mutter manchmal einkaufte. So wurden die beiden Familien miteinander bekannt. Ihre Mutter riet nun meinem Vater, mich in die Klavierschule ihrer Tochter zu schicken, wo ein ausgezeichneter Lehrer sei. Üben könne ich bei ihnen. Der Vater nahm diesen Vorschlag an, und ich trat in die Klavierschule ein.«

Auch hier möchten wir sagen: dieses starke Streben, mehr zu sein, ist durchaus nicht zu hindern oder zu tadeln. Alle hätten gesagt: sie soll Klavier spielen, alles bewegt sich noch auf der Ebene des allgemein Nützlichen.

»Dort waren Mädeln und Buben beisammen. Viele Buben verliebten sich in mich. Ich hielt die aber bloß zum Narren und rannte ihnen davon. Einer besonders ließ mir keine Ruhe. Der begrüßte mich immer mit: Küß die Hand, Fräulein! — das gefiel mir wohl, sonst aber paßte er mir nicht, und zwar, weil sein Vater Schuster war.«

Ihr Vater war Schneider. Wir sehen, wie bedeutsam hier schon die Rangunterschiede sind. Wenn ihr Vater Schuster und der des anderen Schneider gewesen wäre, hätte sie in derselben Weise argumentiert. Aus dieser einzigen Stelle schon können wir entnehmen, daß dieses Mädchen allen zuvorkommen will und infolgedessen an der Gemeinschaft nur in sehr geringem Maße partipiziert. Ihr Problem ist: wie kann ich die Erste sein? Sie stößt auf Schwierigkeiten und Widerstände. In der Richtung auf die Liebe kann man nicht so ohne weiteres vorwärts gehen, man muß vorsichtig sein, weil »Hut und Frisur ruiniert werden können.«

»Ich spielte mich« . . .

Sie spricht, als ob sie bei uns gelernt hätte.

»ja gern auf Höheres hinaus, ließ auch nur ungern verlauten, daß mein Vater Schneider sei. Früher einmal, wenn ich nach seinem Beruf gefragt wurde, hatte ich meist geantwortet: Feuerwehrinspektor.«

Daran ließe sich eine Anzahl von Vermutungen anknüpfen, aber es ist viel einfacher:

»Der Altgast nämlich, der Feuerwerker gewesen war, hatte uns oft von Bränden erzählt, und wie gefährlich die Arbeit der Feuerwehr dabei sei. Das hatte einen großen Eindruck auf mich gemacht.«

Wenn er etwas anderes Heldenhaftes erzählt hätte, hätte sie es auch ergriffen.

»Den Schusterssohn behandelte ich sehr launenhaft. War ich guter Laune, erlaubte ich ihm, mich ein Stückchen zu begleiten, war ich aber schlechter Laune, durfte er mir nicht in die Nähe. Dann sagte ich ›Sie‹ zu ihm und herrschte ihn so an: ›Schaun Sie, daß Sie weiter kommen oder ich hol einen Wachmann.‹ Daraufhin hetzte er ein paar Buben gegen mich. Die lauerten mir auf und bewarfen mich mit Steinen. Ich machte mich aber blitzschnell aus dem Staub. Auch in der Schule sah ich sie im Hausflur sich zusammenrotten und auf mich warten. Darüber erschrak ich sehr. Ich fürchtete, die Lehrerin könnte es merken und glauben, ich hätte mit ihnen etwas zu tun.«

Hier taucht die Furcht vor dem schlechten Ruf auf.

»Damals nannten wir Mädeln, die sich mit Buben abgaben, ›Buamamadeln‹ . . . In der Klavierschule war ein Gymnasiast, der mir Detektivbücher borgte. Auch vom Heinrich bekam ich welche geliehen. Mit der Soffi oder der Olga verschlang ich sie. Das wurde allmählich meine Passion. In der Nacht konnte ich dann vor Angst nicht schlafen.«

Die Vorliebe vieler Kinder für Detektivgeschichten hängt damit zusammen, daß sie sich in Spannung setzen wollen, und daß der Leser sich im Auffinden von Tricks üben will, wie man jemandem beikommen könnte, was insbesondere für solche Kinder zutrifft, die überlegen sein wollen. Es hat einen großen Anreiz. Die Angst, die dabei zustande kommt, hängt mit der Einfühlung zusammen, hängt damit zusammen, daß, wer sich in der Rolle des Verfolgten fühlt, Spannung erwirbt, die ihn dazu befähigt, auf rettende Gedanken zu kommen.

»Leidenschaftlich gern hatte ich auch Kriminalfilme. Im Phönixkino wurde einmal ›Der Mann im Keller‹ gegeben. Jugendlichen war der Eintritt verboten. Tagelang überlegte ich, wie ich es anstellen solle, hineinzugelangen. Schließlich ließ ich mir die Karte von einem größeren Mädel besorgen, drückte den Hut tief ins Gesicht, und so gelang es mir, durchzurutschen.«

Sie sehen die Wirkung der Detektivromane und Kriminalfilme.

»Das Stück hatte eine fürchterliche Wirkung auf mich. Eine ganze Woche konnte ich vor Angst nicht einschlafen. In der Dunkelheit traute ich mich kaum zu atmen. Ich weckte die Mutter auf, und wenn sie wieder einschlief, den Vater.«

Diese Neigung, die Eltern auch in der Nacht zu belästigen, kennen wir bei dem Mädchen schon lange. Wenn sie durch Einfühlung in eine Stimmung der Angst gerät, geschieht, was der Stil ihres Lebens gebietet, sie tut dasselbe, was sie auch ohne Stimmung getan hätte, sie fühlt sich nur mehr gerechtfertigt.

»Entsetzlichen Schauder verursachte mir auch folgendes:«

Wir beobachteten, wie dieses Mädchen zu beschreiben beginnt, wie sie Angst erwirbt, wie wenn ein Geizhals Schätze sammelt, wie einer mit Bienenfleiß zusammenträgt, was Angst hervorrufen kann.

»Der Vater hatte die Gewohnheit, die Rouleaux zwar herunterzulassen, aber nicht zu schließen. Jeder Vorbeigehende konnte bequem zu uns hereinschauen. Einmal lag ich wieder wach im Bett zwischen den Eltern. Der Vater las noch. Er pflegte vor dem Einschlafen eine Stunde zu lesen. Und plötzlich sah ich zwei Augen, wie die eines Irrsinnigen zwischen den Rouleaux-Brettchen hereinstarren.«

Auch hier in der Art, wie das Mädchen es beschreibt, ist der erotische Sinn des Hereinguckens sehr deutlich erkannt. Wenn sie von entsetzlichem Schrecken spricht, so dürfen wir ihre Tendenz nicht vergessen, angsterregende Feststellungen zu sammeln und zu übertreiben.

»In den ersten drei Volksschulklassen war ich sehr ehrgeizig und lernte auch gut. Am meisten freute ich mich immer auf die Übungen in der Gesangstunde. Ich selbst hatte zwar keine schöne Stimme aber ein gutes Gehör. Einige Kinder sangen aber stets falsch.«

Auch hier sehen wir, wie sie den Unterschied zwischen sich und den anderen scharf hervorhebt. Nicht jedem wäre dieser Unterschied so bedeutungsvoll gewesen, um ihn festzuhalten.

»Die zitterten, wenn sie aufgerufen wurden, wagten es nicht einmal den Mund aufzumachen.«

Da hat sie das schwere Minderwertigkeitsgefühl von Kindern trefflich erkannt, die über irgendeine Fähigkeit nicht verfügen und ganz außer Fassung kommen. Ich habe Kinder kennengelernt, die fast verzweifelt waren, weil sie nicht pfeifen konnten, auch Mädchen. Ich sah einmal einen Jungen, der mir erzählte, es sei ihm lange nicht gelungen. Eines Tages gelang es. Er hatte die Empfindung, als ob Gott aus ihm pfeifen würde. Wir sehen aus diesem Bilde deutlich, welch ungeheuere Bedeutung er dieser Fähigkeit zuschreibt.

»Das reizte mich derart zum Lachen, daß ich den Kopf unter die Bank stecken mußte.«

Daß das Lachen auch eine Sprache ist, eine Bedeutung hat, wissen wir schon lange. Auch Dostojewki sagt: »Aus dem Lachen kann man auf den Charakter eines Menschen schließen.« Sie lacht so fest, daß sie den Kopf unter die Bank stecken muß. Das sieht so aus, als ob es schmerzlich wäre, den anderen zu zeigen, wie überlegen sie sich fühlt. Wer sich an das Bild einer Schulklasse erinnert, weiß, daß nichts auffälliger ist, als den Kopf unter die Bank zu stecken. Es ist eine Übertreibung, die harmloser aussieht, als sie ist.

»Und manchmal ist mir vor lauter Lachen sogar ein kleines Malheur passiert. In der vierten Klasse, mit zehn Jahren, begann ich in der Schule nachzulassen. Ich wurde faul, unaufmerksam und sehr verträumt.«

Wir kennen den Grund nicht, warum dieses Mädchen in der vierten Klasse im Lerneifer zurückgeht. Vielleicht hat sie eine andere Lehrerin bekommen, vielleicht, daß sie zufällig Tadel erhielt und plötzlich bremste, es aufgab. Bei verzärtelten Kindern ist es oft so, daß sie vorwärtskommen, so lange es gut geht, und daß sie, wenn Schwierigkeiten auftauchen, die Arbeit einstellen.

»Die Lehrerin meinte, ich könnte einer der besten sein, sei nur zu faul.«

Damit begnügte sie sich vollkommen. Das ist der Vorteil, den die Faulheit oft Kindern bietet, sie begnügen sich mit dem Ausblick. Sie spekulieren nicht schlecht. »Ein Sperling in der Hand, ist besser als eine Taube auf dem Dach« gilt als der Ausfluß der größten Weisheit. Das Gefühl, »ich könnte die Beste sein« ist genügend, sie gehen darüber nicht heraus, um nicht ein großes Reich zu zerstören, überschreiten sie den Halys nicht. Wenn sie dann doch etwas leisten, haben sie den Vorteil, daß jeder sie lobt. Bei den anderen, die immer etwas leisten, fällt das gar nicht auf. Faule Kinder geraten auf einen ergiebigen Weg, sie arbeiten unter mildernden Umständen, wie alle schwer erziehbaren Kinder, zum mindesten gibt ihnen ihre Stimmung recht.

»Dem Vater war es ganz gleichgültig, wie ich lernte. Ihm

war es bloß um meine Gesundheit zu tun. Er trug auch stets Sorge, daß ich genug an die Luft kam. Am Abend, nach der Arbeit, ging er oft selbst mit mir aus. In raschem Tempo marschierten wir über den Gürtel und stellten uns auf dem Stadtbahnviadukt auf. Mit einem schaurigen Gefühl wartete ich den Zug ab, der aus dem Tunnel hervorschoß. Schon von weither konnte man ihn donnern hören. Wie ein Ungetüm, eine Drache, ein Teufel erschien er mir. Im Augenblick, wo er vorbeisauste, flüchtete ich immer aus dem Rauch der Lokomotive, der mich einzuhüllen drohte.«

Auch dieses kleine Ereignis wird aufgebauscht, Vergleiche gezogen, die den Anblick der Eisenbahn zu vergrößern bestrebt sind. Selbst daraus zieht sie den Vorteil einer Möglichkeit zur Beängstigung. Sie wird solange Schreckpopanze aufstellen, bis sie aus dem Schrecken nicht mehr herauskommen wird. Das ist die Entwicklung zur Angstneurose.[1]

»Auch in der Bürgerschule war ich keine gute Schülerin. Zu Weihnachten, in der ersten ›Bürger‹ wünschte ich mir sehnsüchtig ein Klavier. Der Vater wollte mir ein überspieltes kaufen, fand aber kein passendes. Der Weihnachtsmorgen war schon da. Ich schrie, schimpfte, drohte, nicht mehr zu essen und nicht mehr zu lernen, wenn ich nicht bis zum Abend ein Klavier bekäme.«

Es ist kaum zu bezweifeln, daß hier auch das Verhältnis zum Vater vergiftet ist durch das Streben nach Herrschaft.

»Zu der Zeit verdiente der Vater ziemlich viel und hatte sowieso die Absicht, mir eines zu kaufen. Als ich nun so tobte, zog er sich an und versprach, er wolle versuchen, ein neues auf Raten zu verschaffen. Nach mancherlei Zwischenfällen kam auch das Klavier, ein Pianino, noch rechtzeitig an. Nie in meinem Leben hatte ich eine so selige Freude. Ich öffnete es sofort und begann darauf zu spielen. Dann lief ich zur Soffi hinüber und lud sie ein, es sich anzuschauen. Und dann spielte ich wieder und spielte und spielte, bis der Vater abwinkte. Ich war an dem Tag wirklich selig. Am ersten Feiertag stand ich in aller Frühe auf und übte fleißig. Bisher hatte ich allen Leuten weisgemacht, daß ich schon ein Klavier hätte. Jetzt hatte ich es nicht mehr notwendig zu lügen. Mit der Soffi spielte ich vierhändig ... In der Klavierschule wurde am Ende des Schuljahres ein Konzert vorbereitet. Dazu wäre ich gern schön angezogen gewesen und wünschte mir weiße Schuhe. Der Vater wollte aber keine neuen kaufen und strich ein paar alte mit weißem Lack an. Die Generalprobe fand an einem Sonntagvormittag statt. Wir spielten unsere Stücke durch. Auch kunstgerechte Verbeugungen wurden uns eingeübt. Es ging

[1] Siehe auch W. E. Leonard, *The Locomotive God*. New York and London.

dann auch alles wie am Schnürchen. Ich hatte gar kein Lampenfieber und spielte meine Stücke tadellos herunter, eines davon zusammen mit der Soffi.«

Sie hatte bisher keine Mißerfolge. Wie das werden soll, wenn sie einen Mißerfolg haben wird, wenn sie vor einer gefährlichen Situation stehen wird, können wir uns ausmalen. So lange sie sich auf der aufsteigenden Linie befindet, hat sie kein Lampenfieber.

»Meine Freundin zeichnete sich noch besonders aus und rezitierte am Schluß ein Gedicht . . . Ein Jahr später zeigte sich übrigens, daß ich aus dem Klavierspiel auch praktischen Nutzen ziehen konnte. Tildes Vater, Herr Stockinger, der Kellner in einer Weinstube war, schlug uns beiden vor, bei ihm zu spielen. Eines Abends machten wir uns mit unseren vierhändigen Noten — Märschen, Quadrillen, Walzern — auf den Weg. Vor dem Eingang des Lokals verließ uns aber der Mut. Wir stritten, wer vorangehen solle. Schließlich nahmen wir uns einen Anlauf und stapften zusammen hinein. Herr Stockinger wies uns gleich einen Tisch an und brachte Wein. Dann wurden wir aufgefordert, uns zum Klavier zu setzen. Aus Schüchternheit zögerten wir. Erst auf vieles Zureden nahmen wir Platz und begannen, ohne nach rechts oder nach links zu schauen, in die Tasten hineinzudreschen. Wir hatten großen Applaus, das schmeichelte uns. Nach einer kurzen Pause gaben wir ein zweites Stück zum besten. Und als wir unser Repertoire beendet hatten, gingen wir mit einem Teller absammeln. Das Geld teilten wir und kauften uns am Nachhauseweg Zuckerl und Schokolade. Dem Vater gab ich ein Sechserl . . . In dem Gasthaus neben uns versammelte sich jeden Mittwoch und Sonntag ein Athletenverein, der sich zur Anfeuerung einen Klavierspieler hielt. Oft sah ich den Athleten bei ihren Übungen zu. Sie schnitten urkomische Gesichter, wenn sie unter Musikbegleitung aufmarschierten und dann die riesigen Hanteln stemmten, die sie nicht recht in die Höhe brachten. Ihre Arme bebten, ihre Bäuche wackelten. Nur mühsam konnte ich das Lachen verbeißen.«

Wie sie sich an den Starken zu rächen trachtet! Sie möchte am liebsten alle auslachen und findet immer einen Grund dazu.

»Als nun einmal der Klavierspieler plötzlich erkrankte, gerieten die Wirtsleute in Verlegenheit, woher sie in der Eile einen Ersatz nehmen wollten, und verfielen so auf mich. Da eine Krone dabei zu verdienen war, griff ich gleich zu.«

Hier müßte man innehalten und etwas über die Neigung von Kindern sprechen, Geld zu verdienen. Es ist eine ungeheuere Sehnsucht von Kindern, die man auf den richtigen Weg zu lenken versuchen muß. Wir können Ähnliches aus unserer Untersuchung von manchen Erwachsenen lernen, die in finanzieller Abhängigkeit von anderen stehen, die niemals Geld verdient haben. Auch Männer, die aus neurotischen Gründen niemals zum Geldverdienen kommen, auch diese bedrückt es außerordentlich. Wenn man hier von Geiz, Sparsamkeit, Sehnsucht nach Geld spricht, dann ist es falsch. Als Individualpsychologen sehen wir es besser. Es ist das Ringen um die Gleichwertigkeit. Da Geld in unserer Kultur ein, wenn auch unzulänglicher Maßstab für den Wert eines Menschen geworden ist, wird jeder das Bestreben haben, in einer Geldsumme seinen Wert zu erblicken. Auch Kinder wollen sich als Wert fühlen. So verstehen wir die Sehnsucht nach Geld und Geldbesitz, die Begierde gleichwertig zu sein.

»Die Athleten waren sehr zufrieden mit mir und boten mir Torten und Bier an. Einer von ihnen war ungeheuer dick. So oft der an die Reihe kam, ließ ich das Lied ertönen: ›Hupf mein Mäderl . . .‹ Schließlich bekam ich noch ein Trinkgeld. Zu Hause blähte ich mich dann ordentlich auf, benahm mich herablassend zu meinen Angehörigen und antwortete auf ihre Fragen nervös, man möge mich doch verschonen, nach solch anstrengender Arbeit hätte ich keine Lust, Auskünfte zu erteilen.«

»Es wächst der Mensch mit seinen höheren Zielen.« Sie sehen, wie das Mädchen sich zu blähen beginnt. Sie hat es schon früher getan, um mehr zu scheinen, als sie sich selbst vorkommt.

»Solang die Krankheit des Klavierspielers andauerte, vertrat ich ihn und auch später sprang ich hie und da für ihn ein . . . In unserer winzigen Wohnung konnten wir uns kaum rühren. Als nun auf 17 im Haus der Soffi, wieder ebenerdig, eine um ein Kabinett größere Wohnung frei wurde, auch Zimmer und Küche waren sehr geräumig, übersiedelten wir hin. Meine Freude, der Soffi so nahe zu sein, währte aber nur kurz. Aus irgendeinem Grund kündigte der Hausherr ihrem Vater. Die Eltern der Soffi verkauften ihr Geschäft und zogen nach Ottakring, ziemlich weit von uns weg. Ich besuchte meine Freundin oft. Sie erzählte mir von einem Buben, in den sie verliebt war, und zeigte mir ihn auch. Ich sah mir ihn an und meinte: ›Mit so einem möcht ich mich nicht abgeben, schlag Dir den aus dem Kopf!‹«

Auch diese Attitüde kennen wir schon, das, was ein anderer hat, ist nichts wert.

»Das hinderte mich aber nicht, mit ihm zu kokettieren . . . Ich kleidete mich immer sorgfältig, wenn ich zur Soffi ging, und drehte mich kokett vor ihr herum. Sie bewunderte mich tüchtig.«

Da haben Sie das Ideal einer Freundin, wie es diesem Mädchen gefällt. Die Freundin hat die Aufgabe, sie zu bewundern; sie kritisiert sie, schafft mit ihr herum.

»Sie war geradezu verliebt in mich. Was immer ich sprach, nahm sie andächtig auf. Draußen machte sie die Bekanntschaft eines Mädchens, über das wir beide die Nase rümpften. Die Soffi erklärte mir, sie verkehre nur aus Langeweile mit ihr, sie denke aber nur an mich. Um sie eifersüchtig zu machen, redete ich ihr nun ein, ich sei ebenfalls in einen Buben verliebt, beschrieb auch genau, wie herrlich der sei, und wie wir uns geküßt und uns zusammen im Kino unterhalten hätten. Er würde mich auch bestimmt heiraten. Und ich versprach ihr, sie während der Brautnacht unter dem Bett zu verstecken und auch sie versprach mir daselbe, im Fall sie früher heiraten würde als ich.«

Sie sehen die Sehnsucht sich spiegeln, mehr zu wissen.

»Dann umarmten wir uns und schworen uns ewige Treue ... Oft beklagte sie sich über ihren Pflegevater. Er mache gemeine Witze, was sie furchtbar anwidere. Er hätte sie sogar berühren wollen. Sie fürchte sich so sehr vor ihm. Mich schauderte, als ich das hörte. Ihr Vater war auch sehr streng, gab ihr gleich eine Ohrfeige, wenn sie eine schlechte Note nach Hause brachte. Mein Vater lachte nur bei solchen Gelegenheiten und scherzte: ›Ein Fünfer ist mehr als ein Einser!‹ Einmal bekam ich auch in Religion, wo ich sonst immer sehr gut entsprach, einen Fünfer. Das war so. Ich hatte die Messe am Sonntag versäumt und sollte nun einen triftigen Grund dafür angeben. Statt dessen entgegnete ich auf die Frage des Katecheten, warum ich ausgeblieben sei: ›Ich hab keine Lust gehabt!‹«

Wir wissen, in der Schule ist nichts gefährlicher, als in solchen Dingen die Wahrheit zu sagen. Solange man sich herumlügt, ist man ein anständiger Mensch, wenn man die Wahrheit sagt, ist man der größte Verbrecher. Wie man aus diesem Training in der Schule herauskommen wird, weiß ich nicht. Wehe, wenn ein Kind sagen würde: ich habe mich gelangweilt, oder auf die Frage, warum hast Du mich nicht gegrüßt, antwortete: weil ich nicht will! Wenn es lügt, ist es ein geschätztes Mitglied der menschlichen Gesellschaft, wenn es die Wahrheit sagt, ist es verloren.

»Die ganze Klasse war mäuschenstill. Das hatte wie eine Lästerung geklungen. Es war aber wenigstens aufrichtig. Der Katechet wußte meine Aufrichtigkeit nur nicht zu schätzen.«

Wir verstehen, wie dieses Mädchen dazu kommt. Dem Katecheten gegenüber muß sie auch das Gefühl der Überlegenheit haben.

»Ich glaube, das war in der ersten Volksschulklasse — der Vater hatte damals ein kalenderartiges illustriertes Buch über die Christenverfolgungen. Da ich noch nicht gut lesen konnte, erzählte er mir davon und erklärte mir auch die Bilder. Mit meiner Puppe führte ich immer ganze Szenen auf. Meist ließ ich sie eine Königstochter sein. Vermutlich unter dem Einfluß jener Abbildungen, die Marterungen vorstellten, ersann ich nun folgende Handlung: ein fremder Feldherr raubt meine Puppe und küßt sie vor den Augen ihres eingekerkerten Mannes ab. Der erhebt ein Geschrei. Der Feldherr, um Ruhe zu haben, läßt ihn mit Einverständnis der Geraubten durch ein paar Henkersknechte gräßlich durchhauen, mit glühenden Zangen zwicken und ihm dann die Haut abziehen. Und während ich mir das alles genau vorstellte, spürte ich plötzlich ein eigenartiges Gefühl.«

Da haben wir das Auftauchen einer sadistisch-sexuellen Phantasie, bei der sie wohl nur Zuschauerin ist, aber es ist der Hang in ihr, zuzuschauen, wie es jemand schlecht geht. Können wir uns bei diesem Mädchen darüber wundern? Wir haben es ja öfters schon gesehen, wie sie die anderen herabzusetzen sucht. Daß sie zu derartigen Phantasien gelangt, ist in zweifacher Hinsicht begründet: 1. daß der Vater mit der Christenverfolgung eigentlich das Tor geöffnet hat für eine sexuelle Regung unter sadistischen, schmerzvollen Szenen und Bildern; dann hat sie bei dieser Gelegenheit entdeckt, daß 2. sie einen solchen Typus darstellt, der beim Anblick solcher Szenen nicht Haarsträuben, nicht Herzklopfen, nicht Stuhl- oder Urindrang bekommt, wie manche andere bei der Einfühlung in diese Situation, sondern daß die Sexualität irritiert wird. Wir verstehen, daß ihre Angstvorstellungen, ihre Neigung für Kriminalfilme nicht abgeschlossen als Angstvorstellungen in ihr stecken, daß sie weitergehen und ihre Erotik irritieren.

»Als es vorüber war, stand ich auf und dachte mir: Jetzt hast du eine großartige Erfindung gemacht! Kein Mensch ahnt, was für ein köstliches Gefühl man mit solchen Vorstellungen hervorbringen kann!«

Wir haben gehört, wie sie auf dem Wege des Trainings zur Angstvorstellung war, nun, wo ihr Typus deutlicher in Erscheinung tritt, fängt sie in dieser Richtung stärker zu trainieren an.

»Näheres vom Geschlechtsverkehr erfuhr ich zum erstenmal in der ersten Bürgerschulklasse. Es gab da eine Clique frühreifer und körperlich ziemlich entwickelter Mädeln, von denen es hieß, daß sie genau wüßten, woher die Kinder kämen, daß sie zweideutige Witze verstünden und mit Buben herumliefen. In den Pausen sah man sie immer mit-

einander tuscheln. Da ich für mein Leben gern etwas davon erfahren hätte, machte ich mich an sie heran, benahm mich, um ihr Vertrauen zu gewinnen, in ihrer Art und schloß mich ihnen am Nachhauseweg an.«

Es ist ein häufiges Vorkommnis, daß Kinder sich erfahren stellen, um mehr zu erfahren. Hier sehen wir nun einmal ganz deutlich, wie die sexuelle Aufklärung in der Schule vor sich geht. Ich habe die Überzeugung, daß wir mit keinen Mitteln sie hintanhalten können. Was die sexuellen Aufklärer vorbringen, ist wertlos gegenüber der elementaren Kraft, die sich in der Schule durchsetzt. Die Kinder sind in der Zeit schon kritisch und glauben nicht alles.

»Als ich nun einmal mit einer, die im Ruf stand, besonders viel zu wissen, allein war, fragte ich sie, ob ihr bekannt sei, woher die Kinder kämen. Sie bejahte es. Ich bat sie, es mir zu sagen. Ich hätte zwar schon verschiedenes gehört, glaubte aber nicht recht daran. Sie wollte zuerst nicht mit der Farbe herausrücken. Ich drang aber solang in sie, bis sie sich dazu entschloß. Ich mußte ihr nur noch schwören, nichts auszuplaudern.«

Sie sehen, wie dieses als das erfahrenste bekannte Mädchen scheu und schamhaft ist, wie sie verlangt, man möge es als Geheimnis bewahren.

»Dann hängte sie sich in mich ein, wir gingen auf und ab, und sie sagte mir, daß man halt verkehren muß, um ein Kind zu kriegen. Den Ausdruck ›verkehren‹ verstand ich nicht. Da beschrieb sie mir den Vorgang. Schaudernd rief ich aus: ›Das kann nicht wahr sein!‹«

VIII. Kapitel

Beim Durchfliegen dieser Geschichte ist es uns bisher anstandslos gelungen, jeden Zug auf einen gemeinsamen Nenner zu bringen. Es handelt sich um ein verzärteltes Kind, das immer Haupt, immer führend sein will, das alle Situationen ausschalten will, die nicht in sein System gehören. Jeder Mensch ist in seinem System gefangen. Die Nervenärzte unter Ihnen werden an etwas erinnert werden, was in der Psychiatrie eine große Rolle spielt, an die Paranoia. Es wird behauptet, daß die Paranoia ein System besitzt, das der Kranke entwickelt, um die Wahnvorstellungen einordnen zu können. Die Individualpsychologie ist einen großen Schritt weiter gegangen. Dieses System besteht immer, es gehört keine Ausdrucksform, welche nicht einem System angehört. Wir werden sehen, ob sich diese Behauptung rechtfertigen läßt.

»Mein Mißtrauen schien sie ein wenig verletzt zu haben. Sie stellte mir aber das Ganze noch einmal genau dar. Nun wollte ich wissen, ob bloß bestimmte Leute verkehren oder gar alle.«

Das ist eine der gewöhnlichen Fragen von Kindern, sobald sie etwas davon erfahren.

»Sie erwiderte: alle, sonst könnten doch keine Kinder zustande kommen. Und dann versprach sie, mir nächstens mehr davon zu erzählen.«

Hier haben Sie nun jenen Punkt, von dem ich öfters schon gesprochen habe. Man soll nicht glauben, daß die Aufklärung von Kindern verderblicher ist, als die von gelehrten Aufklärern. Wenn Sie die Aufklärung von Wissenschaftlern und Kindern vergleichen, die Aufklärung von seiten der Kinder wird Ihnen lieber sein. Sie ist viel menschlicher, delikater. Diesem Kinde muß das aufgeklärte Kind nicht glauben, es kann zweifeln, sich auf die Wahrheit vorbereiten. Wenn eine mit falscher Autorität ausgestattete Person hintritt und auf brüske Art ex cathedra aufklärt, hat das Kind nicht die Vorbereitungszeit, nicht die Zeit des Zweifels, des Sträubens, des Sich-Versöhnens. Sie brauchen nur ein Heft über sexuelle Aufklärung zur Hand zu nehmen, so werden Sie sehen: die Kinder sind delikater.

»Trotz der eingehenden Schilderung zweifelte ich doch an ihren Worten, mir kam das zu schweinisch vor. Ich ging

in einer erregten Stimmung nach Haus. Je mehr ich darüber grübelte, desto ungeheuerlicher erschien mir der angebliche Verkehr. Ich bekam einen furchtbaren Ekel vor der ganzen Menschheit, mit Ausnahme meiner Eltern, denen traute ich eine solche Schweinerei nicht zu. Ich erwog auch, ob es sich dabei nicht bloß um einen gemeinen Witz handelte, den irgendein schweinischer Mann ausgeheckt und in Umlauf gebracht hatte.«

Sie sehen, wie hier Milderungen eingreifen.

»Für völlig ausgeschlossen aber hielt ich es, daß gute Menschen — vor allem meine Eltern — derartiges zu tun imstande wären. Und ein Mädel, das sich das gefallen ließ, kam mir beschmutzt und erniedrigt vor. Es schien mir unbegreiflich, daß man nachher noch weiterleben könne.«

Hier tritt jene Klippe ein, die sich bei der besten Aufklärung nicht vermeiden läßt, weil das Kind schon eine feste Lebensform hat. Wenn ein solches Kind darnach strebt, an der Spitze zu stehen, in jeder Hinsicht zu glänzen, so wird es anläßlich einer solchen Aufklärung den Eindruck haben, daß es sich um etwas Erniedrigendes handelt, und es wird sich gerade ein solches Mädchen selbstverständlich kürzere oder längere Zeit gegen solche Gedanken, Handlungen wehren. Das läßt sich nicht vermeiden, auch bei der sorgfältigsten Aufklärung nicht. Es wird eine Frage des aufgebauschten Ehrgeizes bei dem Mädchen sein, ob sie sich mehr oder weniger wehren wird. Sie wird Schwierigkeiten haben, sich gegen die Frauenrolle auflehnen. Daß hier die Frauenrolle so bedroht erscheint, liegt in unserer Kultur, die den Männern Privilegien gibt, die sie im Sexualverkehr überlegen erscheinen lassen. Es ist eine Kulturlüge. Wenn wir sie ganz ausmerzen können, wenn wir den Männern keine Privilegien einräumen, wenn wir die Gleichwertigkeit durchführen, dann werden diese Gedanken von der Erniedrigung keinen Platz mehr finden. Aber »den Pelz waschen und ihn nicht naß machen«, das geht nicht. Wenn ich glaube, daß ich durch die Aufklärung dieses Übel wegbringe, so ist das eine Naivität sondergleichen.

»Es schien mir unbegreiflich, daß man nachher noch weiterleben könne.«

Sie können sich vorstellen, daß ein Mädchen mit solchem brennenden Ehrgeiz dem Liebes- und Eheproblem mit abwehrender Haltung gegenübersteht. Sie wird mit Anstrengung auszuweichen trachten. Sie wird so erscheinen, wie wenn sich jemand die Aufgabe gesetzt hätte, sich einen Lebenskreis zu sichern, wo die Liebe und Ehe ausgeschaltet ist.

»Wie ich aber selbst entstanden war, darüber dachte ich gar nicht nach.«

Das ist eine der Formen, in der sich die Ablehnung der

Frauenrolle, die Ablehnung der Sexualbetätigung geltend macht. Das ist Vogel Strauß-Politik. Es ist eine aktive Leistung, es ist viel schwerer, was sie macht, es gehört geistige Arbeit dazu, nichts sehen zu wollen, als auf die Frage gestoßen zu werden: wie bin ich entstanden?

»Ich berichtete der Soffi, was ich erfahren hatte und fügte hinzu, ich könne es nicht recht glauben. Da erzählte sie mir, sie hätte vor einiger Zeit die Ehebetten ihrer Eltern stark wackeln gehört. Infolge der Finsternis hätte sie zwar nichts gesehen, das Wackeln aber sei gar zu verdächtig gewesen — ihre Eltern hätten sicher verkehrt. Sie mußte mir das Wackeln genau beschreiben. Dann sagte ich ihr: ›Bei deinen Eltern kann das schon möglich sein, aber die meinen tun das gewiß nicht. Ich liege in der Mitte zwischen ihnen und hätte doch längst etwas bemerken müssen. Mein Vater ist auch viel zu fromm dazu — er wollte sogar ursprünglich Priester werden.‹«

Sie sehen, wie hier ein Gedanke aufschießt, der dem Boden der Sehnsucht nach Überlegenheit entsprungen ist. So wie sie früher nicht gesagt hat, daß ihr Vater Schneider ist, so umgibt sie ihn jetzt wieder mit der Gloriole, er wollte Priester werden.

»Bald darauf begleitete ich wieder meine vielwissende Schulkollegin. Sie teilte mir noch eine Menge Sachen mit, die mir alle gräßlich vorkamen: daß alle verheirateten Frauen verkehren, daß es zum erstenmal sehr weh tut, daß man dabei blute, daß die Kokotten es um Geld machen und sich operieren lassen, um keine Kinder zu kriegen, daß die Männer einen Gummiüberzug benützen.«

Sie sehen, wir sind hier in der Sphäre der Sexualaufklärung.

»Ein anderes Mädchen sprach einige Zeit später von einem dicken medizinischen Buch, das sie zu Haus heimlich gelesen habe. Darin sei der Verkehr erklärt und auch die Geschlechtsteile in allen Einzelheiten erklärt und abgebildet. Ich ersuchte sie, mir das Buch zu leihen. Sie entgegnete, sie fürchte, ihre Eltern könnten darauf kommen, daß es fehle, oder meine Eltern es bei mir erwischen. Ich wußte aber ihre Bedenken zu zerstreuen, und sie stellte mir in Aussicht, es mir auf zwei Stunden zu überlassen.«

Ein häufiger Vorgang in der Zeit der Sexualaufklärung, in Büchern nachzusehen. Das Konversationslexikon spielt eine unglaubliche Rolle.

»Sie lud mich zu sich. Wir packten das Buch in Zeitungspapier, ich trug es mit Herzklopfen zu mir und verbarg es unter einem Kasten. Nach dem Essen holte ich es hervor und setzte mich damit in eine Ecke. Die Eltern waren gerade sehr beschäftigt und achteten nicht auf mich. Ich las in

grenzenloser Erregung. Nun hatte ich es schwarz auf weiß und konnte nicht mehr anders, als an den Geschlechtsakt glauben. Aber noch immer hielt ich meine Eltern für unfähig, so etwas zu tun. Und ich nahm mir vor, niemals zu heiraten.«

Sie sehen, wie wir hier die Bestätigung für das bekommen, was wir erwarteten, so daß wir genau und exakt nach dem bisher entwickelten Lebensstil vorgehen und Schlüsse ziehen können.

»Wenn nun der Vater und die Mutter, was selten genug vorkam, mit einander zärtlich wurden, fuhr ich energischer noch als bisher dazwischen und gab ihnen zu verstehen, daß nur ich zum Austeilen und Empfangen von Zärtlichkeiten da sei.«

Nun auch hier ist die Reaktion gegen die Sexualität im Spiele. Wenn einer glauben würde, es handle sich um Neid, um den Ödipus-Komplex, würde er die wundervolle Einheit, die sich hier zeigt, zerstören.

»In der Nacht lag ich wie ein Cerberus zwischen ihnen. Oft blieb ich stundenlang wach — nicht gerade um aufzupassen: ich schlief eben schwer ein. Und wenn der Vater schnarchte, kitzelte ich ihn mit meinem Zopf und wenn die Mutter schnarchte, rüttelte ich sie. Ich konnte das Schnarchen nicht vertragen.«

Hier teilweise ein Abspringen vom Thema, selbst hier aber nichts anderes als ich und wieder ich. Es muß alles so geschehen, wie ich es will. Man findet es später im Leben der Erwachsenen, daß sie gewisse Eigenheiten nicht vertragen können, z. B. das Schnarchen. Die Patienten wenden sich gegen Störungen, wie Schnarchen, Licht machen. Man sieht, wie in diesen Kleinigkeiten sich der Wille zur Macht spiegelt. Es sind geringfügige Anlässe, in welchen ein Mensch den anderen Gesetze aufoktroyieren will. Am deutlichsten sieht man die gewaltsame Aufzwingung in der Forderung nach Ruhe. Das ist eines der meist geübten Mittel. Es ist eine Weise, die bescheiden erscheint, aber das Herrschsüchtigste ist, was es gibt. Als ob es so etwas wie Ruhe überhaupt geben würde! Der andere beziehe durch mich die Gesetze seines Lebens, er muß so leben, daß meine Forderung zum allgemeinen Gebot wird.

»Auf dem Gürtel gingen, sobald es dunkel wurde, Prostituierte auf und ab. Die betrachtete ich jetzt mit ganz anderen Augen. Am liebsten hätte ich mich bei einer versteckt, um zuzuschauen, was sich da abspielt. Und einmal am Abend in der A.-Gasse, steht da bei einem Haustor ein Mann, der hatte sein Glied draußen.«

Es wird wenig Frauen und Mädchen geben, denen nicht ein

Exhibitionist untergekommen wäre. Es ist eine häufige Erscheinung, von der Männer weniger wissen. Aus persönlichen Mitteilungen habe ich erfahren, daß es sich um eine weit verbreitete Unsitte handelt. Auf ein solches Mädchen macht es einen starken Eindruck, sie wird noch weiter abgedrängt vom normalen Weg.

In der Beschreibung ihrer Geschichte kommt sie auch nicht daraus heraus. Sie weiß, daß sie den Weg einer Desertion betritt; während sie so nachdenkt und ihre Lebenslinie verfolgt, reiht sich ein Glied an das andere, verbunden durch das Streben nach Überlegenheit, durch das Streben, alles auszuschalten, was nicht in ihr System paßt.

»Ich stieß einen Schrei aus und rannte wie rasend davon. Nie in meinem Leben bin ich so schnell gelaufen.«

Sie sehen, mit welchem Nachdruck es betont wird. Es ist die Flucht, die sich später in allem und jedem zeigen wird.

»In der zweiten Bürgerschule bildete ich mir plötzlich ein, zu dünne Wadeln zu haben . . .«

Da ist ein Zweifel an der eigenen Schönheit. Wir sind genötigt, halt zu machen und diese Idee einzureihen. Dieses Mädchen hat leicht zweifeln; würde sie sich einbilden, schön zu sein, wäre es ein Impuls, in der Richtung der Liebe vorwärts zu gehen. Sie könnte paktieren, wenn sie ihre Überlegenheit zur Geltung bringen könnte. Sie muß zweifeln, daher macht sie solche Entdeckungen, von welchen wir vielleicht noch mehr hören werden.

». . . und zog drei Paar Strümpfe an. Der Vater ärgerte sich darüber, denn es war Sommer, und sagte, ich würde Schweißfüße bekommen. Da schnitt ich die Vorfüße der Strümpfe ab und zog nur die Stutzen an. Dann stopfte ich mir die Wadeln mit Wattelin aus, benützte sogar die Unterhosen des Vaters dazu.«

Abgesehen davon, daß diese Handlungsweisen dem Zweifel an Attraktion entspringen, sind es Züge, die uns aus der Kenntnis nervöser Zustände bekannt sind. Es ist eine starke Betätigung auf dem Gebiet des Unnützlichen. Es ist eine Überbetonung unnützer Dinge. Die Harmonie des Lebens wird dadurch gestört.

»Auch meine Arme –«

Sie sehen, wie das fortschreitet. –

»kamen mir zu dünn vor.«

Wir sind darauf gefaßt, daß sie lauter Häßlichkeiten an sich entdecken wird. »Folglich: kann ich nicht heiraten. Ich muß die Liebe aus meinem Leben ausschalten.« Sie sammelt mit Bienenfleiß, um auszuweichen.

»Um keinen Preis mehr wäre ich mit kurzen Ärmeln ausgegangen. Des weiteren bildete ich mir ein, »Schlangenhände«

zu haben. Ich suchte deshalb meine Hände so viel als möglich zu verbergen. In der Schule gab es schon Mädeln mit üppigen Formen. Bei mir war noch gar nichts zu sehen. Die Olga und ich maßen einander die Brüste mit dem Zentimetermaß ab. Die Ergebnisse waren sehr betrübend. Da füllten wir uns den Busen mit Taschentüchern aus und stolzierten damit auf dem Gürtel umher.«

Das sieht so aus wie ein Versuch, andere anzuziehen. Im Zusammenhang mit anderen Dingen sehen wir, daß das Mädchen sich als minderwertig einschätzt. Sie macht Versuche, um, wie sie sagt, besser auszusehen. In diesen Versuchen steckt das schwere Minderwertigkeitsgefühl. Was immer sie bisher gemacht hat, irgendwelcher Aufruf zur Liebe und Ehe kann in diesem Gedankengang nicht gelegen sein. Um auf dem Gürtel zu stolzieren ist es genug, zum Heiraten zu wenig.

»Als ich mir einmal über den Kopf strich, schien es mir, als sei er spitz und eckig.«

Jetzt ist sie am Ende ihrer Kunst. Sie kann die Waden größer erscheinen lassen, sie kann Taschentücher vorstecken, was aber mit dem Kopf? Sie sehen, wie dieses Training weiter geht. Alles Bisherige war Stümperarbeit, sie muß zu dem Beweis kommen, daß sie für die Liebe ungeeignet ist.

»Ich behielt nun, solang es nur anging, meinen Hut auf. Oft rann mir schon der Schweiß hinunter, und ich legte ihn nicht ab. Jetzt fällt mir ein, daß ich einmal, ich glaube mit acht Jahren, in der Schule vergaß, meinen Hut herabzunehmen. Die Lehrerin mußte mich erst darauf aufmerksam machen, daß ich ihn noch oben hatte.«

An dieser Stelle würde es sich lohnen, etwas mehr zu sagen über Erinnerungen und vergessene Tatsachen. Ich habe den Eindruck, daß sie absolut bedeutungslos sind, daß sie als ein Zeichen eines verträumten Mädchens anzusehen sind. Vielleicht hat sie gegen die Schule damit demonstrieren wollen.

Was geschieht aber hier? Dieses Mädchen scheint es noch nicht zu sagen, aber wir können es entnehmen: sie deutet darauf hin, als ob sie schon als Kind ihren Kopf hätte verstecken wollen. Derart gekünstelte Beweise finden sich bei Nervösen häufig. Sie wollen beweisen, es muß etwas daran sein. Es werden Erlebnisse erzählt, die andere auch haben, die erst künstlich zurechtgemacht sind, um zu den späteren Forderungen des Lebens zu passen, sie werden, sozusagen, behauen, um in dieses System zu passen. Wir bewundern diese Kunstfertigkeit jedes Menschen, wie er in seinem Leben herummanipuliert, bis es ihm in den Kram paßt. Wüßten wir nicht, daß die Seele des Menschen eine Einheit ist, an der er arbeitet, um sie künstlerischer auszugestalten, wären wir verwundert, warum einer so nichtige Dinge heraushebt. Das ist der Zwang zur Einheit des menschlichen Seelenlebens, ein Teil der gesamten schöpferischen Kraft des Seelenlebens.

»Hüte machte ich mir übrigens immer selbst, und zwar aus den Stoffresten des Vaters. Meist waren sie unmöglich, manchmal gelangen sie aber. Diese Hutmacherei wurde mir allmählich zur Manie. Ich trieb es schließlich so arg, daß der Vater die Reste einsperren mußte.«

Ich glaube, wir haben bei ihr festgestellt, daß sie viel Sinn für das Sehbare hat. Wir können uns vorstellen, daß die Freude, irgend etwas den Augen Gefälliges darzustellen, sie dazu veranlaßt hat. Nehmen wir noch dazu, daß sie nie getadelt worden ist, im Gegenteil, daß man alles schön gefunden hat, so können wir verstehen, daß in der Hutmacherei ein Training gelegen war. Hier liegen offenbar die tiefsten Interessen zu Tage, etwas zu schaffen, was gefällt, wodurch sie glänzen kann.

»Der Vater besaß einen alten Mantel, den er für mich umzuarbeiten versprochen hatte. Er nahm sich aber nie Zeit dazu. Da schlug ich einen Krach und beschimpfte ihn. Ich glaube, ich sagte ihm: ›Kerl‹«.

Sie wissen, in welch gutem Verhältnis sie zum Vater steht, sie sehen aber, wie leicht es durchbrochen werden kann, wenn die Machtfrage beginnt, wenn der Vater sich nicht fügen will. Man könnte sagen: sie ist impulsiv. Jedes Kind ist impulsiv, wenn man es in die Lage bringt in einer verzärtelnden Situation aufzuwachsen, und ihm dann die Wünsche verweigert. Man könnte von Psychopathie sprechen, sie handelt aber ganz stilgerecht, wir würden bei dem gleichen Ziel auch nicht anders handeln.

»Der Vater stand auf, begann mit den Zähnen zu knirschen und haute mich ein wenig durch. Ich spürte zwar nichts, aus Angst geschah mir aber wieder einmal ein kleines Malheur.«

Wir können annehmen, daß dieses Mädchen zu jenem Typus gehört, bei dem die Angst-Erregung auch in die Blase ausstrahlt.

»Als der Krieg ausbrach, mußten wir für die Soldaten alles mögliche stricken: Pulswärmer, Wadenstutzen, Socken usw. Ich sollte ein paar Fäustlinge anfertigen. In Handarbeiten war ich stets sehr ungeschickt. Ich strickte nun an Stelle des Daumens den Zeigefinger – und umgekehrt – und versuchte dann den Finger gewaltsam auszudehnen. Beim Abliefern traute ich mich kaum mein Erzeugnis auf das Katheder zu legen. Glücklicherweise merkte die Lehrerin nichts.«

Im Krieg sind wohl auch noch schlechtere Sachen geliefert worden.

»Den Soldaten aber, für den der Fäustling bestimmt war, bedauerte ich sehr ... Nach zweijähriger Abwesenheit kehrte die Lina aus Prag zurück. Sie war sehr elegant und hatte

eine Menge Koffer bei sich. Während sie auspackte, probierte ich rasch ein Paar Schuhe von ihr. Sie paßten mir tadellos. Sie waren die ersten mit hohen Stöckeln, die ich an den Füßen hatte — der Vater gestattete nur solche mit niedrigen Absätzen. Als ich dann am Abend ins Gasthaus daneben um Bier geschickt wurde, beeilte ich mich sehr. Dort verkehrten nämlich zwei Herren, von denen der jüngere mich einmal aufgefordert hatte, mit ihm vierhändig zu spielen. In den war ich ein wenig verliebt.«

Nun wird vielleicht mancher von ihnen erstaunt sein, daß hier von Liebe gesprochen wird. Wir sind nicht sicher, ob es Liebe ist, ob nicht die Machtfrage eine zu große Rolle spielt; vielleicht ist es nur eine Beziehung, in der das ganze Maß eines Strebens nach Überlegenheit liegt. Wenn dieses Mädchen weitergehen wird, wird sich etwas Fatales ereignen, was den Lauf der Dinge unerbittlich aufhält.

»Ich traf ihn auch. Wie sehr ich mich aber auch darum bemühte — meine Stöckelschuhe bemerkte er nicht.«

Hier beginnt schon etwas, was man im gewöhnlichen Leben als nicht mehr auffällig betrachten wird: Eindruck machen. Das ist aber ein anderes Streben als das, was man landläufig darunter versteht.

»Die Lina hatte mir böhmische Pantoffeln mitgebracht, ein Schreibzeug und manches andere, woran ich mich nicht mehr erinnere. Als dann Parfumfläschchen und Mundwasser zum Vorschein kamen, besprengte ich mich sofort und spülte mir den Mund aus. Nun waren wieder alle um mich versammelt — das machte mich glücklich.«

Jetzt wissen wir, worin das Glück besteht: in der Erfüllung des Strebens nach Überlegenheit. Sie kommt dem Ideal, der Mittelpunkt zu sein, dem Glück immer näher, je mehr diese Forderungen erfüllt sind.

»Wir hatten eine Maus in der Wohnung. Wenn etwas gebacken wurde, Gugelhupf zum Beispiel, schlüpfte sie durch den Spalt unter der Tür durch. Der Geruch lockte sie an. Die Mutter und ich hatten den größten Abscheu vor Mäusen.«

Es ist ziemlich landläufig und bekannt, daß Mädchen vor Mäusen Furcht und Abneigung haben. Es spielt ein weibliches Motiv mit, das Motiv einer Überraschung, einer Furcht von dieser Maus geschädigt zu werden. Es ist kein Sexual-Symbol, aber wenn sie bedenken, wie sich Mädchen benehmen, sobald sie von Mäusen hören, wie sie sich schützen, als ob ein sexueller Angriff im Spiel wäre — so kann man verstehen, daß Befürchtungen dieser Art vorliegen.

»Einmal saß ich im Kabinett und grübelte. Das war schon damals meine Gewohnheit.«

Die Neigung, sich mit unnützlichen Dingen zu beschäftigen, steigerte sich.

»Der Vater trug die Petroleumlampe in die Küche und setzte sich zur Nähmaschine. Und wie ich so im Zwielicht dasitz, huscht plötzlich etwas von einem Ende des Kabinetts zum anderen. Ich lief zum Vater und rief: ›Eine Maus!‹ Der Vater meinte, ich sähe schon überall Mäuse, es werde irgendein Schatten gewesen sein ... Für den Mausgeruch hatte ich eine gute Nase.«

Von der Nase haben wir schon gehört.

»Deutlich spürte ich ihn auf meinen Klaviernoten. Überhaupt war ich immer eine kolossale Riecherin ... Eines Nachts lag ich, wie so oft, schlaflos zwischen den Eltern, die bereits schliefen. Es war finster und ganz ruhig. Da hörte ich ein Scharren und Nagen bei der Tür. Ich erschrak furchtbar, dachte zuerst an einen Einbrecher. Ich zog die Decke über den Kopf und horchte angstvoll. Nun erkannte ich, daß es eine Maus war und weckte die Mutter leise auf. Die Mutter erschrak nicht minder als ich. Dann weckte ich auch den Vater. Der lachte uns aus. Ich versprach ihm im Scherz ein Fünferl, wenn er aus dem Bett hinaussteigen und die Maus verjagen würde. Als er aber die Lampe anzündete, verstummte das Scharren. Offenbar fürchtete sich die Maus vor dem Licht ... Wir kauften eine Falle, die Maus fing sich aber nicht darin. Sie wurde sogar immer kecker. Oft hörten wir sie bei hellichtem Tag nagen. Mich ekelte so sehr vor ihr, daß ich die Eltern dazu drängte, auszuziehen. Um mich zu beruhigen, wurden alle möglichen komischen Mausgeschichten aufgetischt. Unserem Gehilfen Krassny soll einmal eine in die Tasche gesprungen sein. Der Bruder der Mutter soll gern mit ihnen gespielt und sogar einmal eine in sein Hemd gesteckt haben.«

Sie sehen, wie hier die Idee auftaucht, daß die Maus sich irgendwohin verkriechen könnte.

»Mein Grauen war aber unüberwindlich — wenn ich das Nagen zufällig während des Essens irgendwo hörte, rührte ich nichts mehr an. Endlich lieh die Mutter von der Nachbarin eine andere Falle, und in der fingen wir die Maus auch richtig, sogar ohne Speck. Der Vater wollte sie ertränken, als ich sie aber im Käfig eingesperrt sah, tat sie mir wegen ihrer schönen Augen und weil sie so ängstlich umherschoß, leid, und ich bat, sie am Leben zu lassen.«

Wie wollen wir das in den Lebensstil des Mädchens einreihen? So kleinlich dieser Gegenstand auch ist, sie ist Gnadenspenderin, sie verfügt über Leben und Tod. Es gibt ihr ein Kraftgefühl. Sie wird es auch wahrscheinlich erreichen.

»Wir gingen auf den Gürtel und ließen sie dort aus ...

Bald darauf fingen wir noch eine zweite. Jetzt war ich aber schon derart gegen sie erbittert, daß ich zustimmte, als beschlossen wurde, sie zu ersäufen. Die Mutter schüttete Wasser in den Eimer, der Vater ergriff die Falle, ich stieg zur Sicherheit auf den Tisch hinauf. Unglücklicherweise sprang die Maus blitzschnell hinaus und verkroch sich wo. Die Mutter und ich waren wütend. Wir wußten ja, daß sie sich hüten werde, noch einmal in die Falle zu gehen. Eine Woche später, wie ich am Abend nach Hause komme — unsere Wohnung lag in einem Winkel am Ende des Ganges — sitzt da vor unserer Tür eine Maus!«

Jetzt werden wir aufmerksam infolge des vielen Geredes über die Maus. Es muß ein Zusammenhang mit der Vorbereitung von früher, mit der Vorbereitung zur sexuellen Frage sein, es spiegelt sich darin etwas von dem, was bereits am Wege war.

»Ich schrie auf, rannte zum Haustor hinaus und rief durchs Fenster meine Eltern zu Hilfe.«

Sie benimmt sich so wie gegen den Exhibitionisten.

»Die Mutter rückte gleich mit einem Besen heran. Die Maus war aber schon verschwunden. Wahrscheinlich war es dieselbe, die wir gefangen hatten und die sich deshalb nicht mehr zu uns heranwagte. Ich glaube auch, sie muß die anderen Mäuse gewarnt haben, denn seit der Zeit blieben wir von ihnen verschont ... Auch vor Ratten hatte ich, wie die meisten Menschen — einen großen Ekel. In unserem Hof gab es eine ganze Menge. Aus dem Kanalgitter krochen sie hervor. Der Vater sprach oft davon, daß man sie im Klosett pfeifen höre. Da wollte ich nicht mehr aufs Klosett hinausgehen. Ich fürchtete, eine Ratte könnte mich in den Hintern beißen. Der Kettenhund Bello wurde auf die Ratten losgelassen. Das war eine wilde Jagd im Hof! Die Hausbesorgerin mit dem Besen, der Bello, der sie niederrannte, wir Kinder, die voller Angst hin und her liefen. Ein Durcheinander ... Widerlich waren mir natürlich auch Spinnen.«

Sie setzt hier fort zu erzählen, was ihr widerlich ist, sie kommt aus diesem Gedankengang nicht heraus.

»Als ich eines Morgens in den Schuh schlüpfte, spürte ich was Klebriges darin. Ich greif hinein — war's eine halbzerquetschte Spinne! Ich schleuderte den Schuh ins Eck und zog dieses Paar eine Zeit lang nicht an. Einmal saß eine in der Früh an der Wand über meinem Bett. Ich sprang gleich auf und holte die Eltern. Der Vater wollte sie erschlagen. Ich meinte aber, das könnte vielleicht ein Unglück bedeuten und fiel ihm in den Arm. Schließlich endete sie doch im Eimer.

»Im Kasten ihres Vaters, der in Sibirien gefangen war, fand die Olga eines Tages . . .«

eine Spinne? — — eine Maus? — — Nein! —

»die Memoiren von Casanova. Das war in der dritten Bürgerschulklasse. Wir ergötzten uns daran. Dann entdeckte sie noch eine Menge erotischer Bücher, schwarz eingebunden und mit weißen Titeln: Die geheimnisvolle Bibliothek. Bebend vor Neugier trugen wir sie auf den Boden hinauf und lasen einander daraus vor. Die Bücher hießen: ›Der schwarze Don Juan‹ ›Die Dame mit dem dunklen Punkt‹, ›Der Schwimmeister im Damenbad‹ usw. Fürchterliche Dinge kamen darin vor.«

Es ist natürlich, daß oberflächliche Betrachter das hier für einen Ausdruck der Erotik halten. Es ist viel richtiger, wenn man es als einen Abweg der Erotik ansieht, als das Bestreben, ihr nur einen geringen Platz seitwärts im Leben einzuräumen. Das Lesen von erotischen Schilderungen heißt der Wirklichkeit ausweichen.

»In der Auslage einer Papierhandlung sah ich eine Ansichtskarte, die mich sehr fesselte. Sie stellte einen Centauren dar, der eine Nymphe lüstern umschlingt und ihr etwas ins Ohr flüstert. Am liebsten hätte ich mir die Karte gleich gekauft, ich genierte mich aber. Dieses Bild ließ mir keine Ruh. Tag für Tag zog es mich vor die Auslage hin. Endlich einmal nahm ich mich zusammen, betrat das Geschäft, ließ mir verschiedene Karten vorlegen und fand auch die gewünschte darunter. Voller Freude kehrte ich heim und versteckte sie zwischen meiner Wäsche. Und wenn ich allein war, holte ich sie heraus, versenkte mich darin und versetzte mich recht lebhaft bald in die Lage des Centauren, bald in die der Nymphe.«

Während wir früher fanden, daß sie im Lesen Sexual-Erregung sucht, geht sie hier weiter, sie beginnt sich für die Darstellung bildlicher Art zu interessieren, sie geht ins Visuelle.

»Auf die Olga aber machte die Karte gar keinen Eindruck.«

Daraus ist zu schließen, daß beide verschiedene Wege in der erotischen Entwicklung gehen. Die Olga ist ein anderer Typus, vielleicht ist sie nicht so abgeschreckt.

»Komisch, Buben konnten mich nur insofern reizen, als ich sie zum besten hielt.«

Hier finden wir die Bestätigung. Bilder anschauen, erotische Bücher lesen, ja! Aber die Buben sind nur zum Genarrtwerden da.

»Ich hatte keinen einzigen je auch nur geküßt. Mein jugendliches Liebesleben erschöpfte sich in Phantasien. Ich stellte mir zum Beispiel die Geschichte vom König Saul vor, der den Mann einer Frau, in die er verliebt war, in den

Krieg schickt. Und immer wieder, daß eine Frau, von einem Feldherrn geraubt, vergewaltigt und ihr Mann von Henkersknechten verfolgt wird. Ein Ehebruch mußte aber unbedingt dabei sein.«

Sie erinnern sich, sie hatte schon früher Sexual-Phantasien.

»Allmählich genügten mir die bloßen Vorstellungen nicht mehr, und ich ging daran, sie sichtbar zu machen. Ich zeichnete auf ein Blatt Papier eine sehr üppige Frau und einen sehr starken Mann, schnitt die Figuren aus und legte sie in einer verfänglichen Stellung zusammen. Da ich aber eine schlechte Zeichnerin bin, fielen meine Schnitte jämmerlich aus. Ich beschloß daher, lieber eine Geschichte zu schreiben.«

Hier beginnt oder setzt sich fort ein neues Training, als dessen vorläufiges Resultat die Lebensgeschichte anzusehen ist. Sie schreibt geschickt, schriftstellerisch gewandt.

»Ich entwarf zuerst eine Einleitung, wo von einem blonden, unberührten Mädchen und ihrem Bräutigam die Rede war. Die Gestalt des Mädchens schilderte ich genau, der Mann interessierte mich weniger. Dann begann der Roman. Ich ließ einen Freund des Bräutigams auftreten, einen ungeschlachten Gesellen, der auf die Braut lüstern wird. Und auch sie, die sich zum Bräutigam sehr spröde benimmt, verliebt sich in den brutalen Kerl. In einer Szene, wo er sie beim Baden belauscht, beschrieb ich das Mädchen nochmals in allen Einzelheiten und berauschte mich an der eigenen Schilderung.«

Auch hier werden Kenner diese Verwirrungen leicht einreihen, wie sie einen neuen Weg sucht, um aus der Norm der Erotik herauszukommen. Hier sehen Sie, wie die abwegigen Neigungen nichts anderes sind, als der schäbige Rest, der übrig bleibt, wenn die Norm ausgeschaltet wird.

»Zuletzt stellte ich die Umarmung zwischen beiden dar ... Ich liebte es auch, mich im Spiegel zu betrachten.«

Hier sehen Sie wieder die Neigung für das Sehbare. Immer werden solche Mädchen, die an den Voyeur-Typus erinnern, zum Spiegel starke Beziehung haben.

»Vor anderen Mädchen ekelte mir.«

Das ist der Versuch, in der Richtung der Homosexualität nicht weiter zu gehen.

»Ich selbst gefiel mir am besten.«

»In der Zeit schlich ich oft gedrückt umher, wagte es nicht, den Leuten ins Gesicht zu schauen, bildete mir ein, man kenne mir alles an, und fürchtete, nicht mehr zu wachsen. Ich war schon entsetzlich unglücklich. Schließlich ging ich einmal zum Vater und flüsterte ihm ins Ohr: ›Ich muß dir ein Geständnis machen.‹ Der Vater fragte, was denn schon wieder los sei?«

Diese Äußerung werden Sie nur hören im Zusammenhang mit verzärtelten Kindern. »Den ganzen Tag hat man mit ihr zu tun.«

»Und ich gestand ihm verschämt, daß ich eben etwas Gewisses getan hatte. Darauf meinte er, auf das eine Mal käme es nicht an, ich möge es aber künftig sein lassen, sonst könnte es mir schaden.«

Sie hat in der Erotik einen weiteren Weg gefunden, sie ist zum Autoerotismus gelangt. Wir können nach dem Lebensstil dieses Mädchens vermuten, daß sie außerordentlich lange dabei verharren wird. Die Frage, die der Vater hier anschneidet, ist heute dahin gelöst, daß derartiger Schaden dabei nicht zustande kommt. Langes Andauern ist ein Zeichen von unsozialer Haltung, es ist die Erotik des Einsamen.

»Nun war mir wieder leichter. Doch schon am nächsten Tag begann ich von neuem damit. Und jedesmal lief ich nachher zum Vater und beichtete es ihm.«

Da ist aufzuklären, warum sie das nicht versteckt. Sie hat den Vater in der Gewalt, sie wird den Vater reizen, auf sie mehr aufzupassen. Sie hat sich einen weiteren Schutz damit gesichert, dem Vater eine neue Fleißaufgabe gegeben, er muß aufpassen, daß sie nichts anstellt.

»Da wurde im Bett auf mich aufgepaßt; es geschah aber gar nicht im Bett.«

IX. Kapitel

Das verzärtelte Kind ist bestrebt, die Verzärtelung aufrechtzuerhalten. In dem Moment, wo es nicht genug Verzärtelung zu haben glaubt, setzt es, aus seiner Wut heraus, die anderen herab. Wenigstens für sich steht dann das Kind im Vordergrund und überragt die anderen. Schimpfen ist ein Versuch, die anderen herabzusetzen. Mit Ausnahme sehr weniger Kinder hat jedes Kind eine Phase der Verzärtelung mitgemacht. Diese Phase präsentiert sich im Lebensstil. Das Interesse für zärtliche Situationen wird geschärft. Das Hauptinteresse besteht darin, die Verzärtelung im höchsten Grade wieder zu gewinnen. Es entwickelt sich der Zug, zu dominieren, zu tyrannisieren. Es ist selbstverständlich, daß das Schimpfen, das sich gegen stärkere Personen und Gott wendet, nicht getrennt werden kann von der Empfindung der eigenen Überlegenheit. Man kann auch an dem Wort »Verzärtelung« herumdeuten und kann sagen: ich verstehe darunter das oder jenes, doch das ist Unfug. Zeitverträdelung.

> *»Im 14. Lebensjahr kehrten die zwanghaften Beschimpfungen gegen Eltern und Gott wieder.«*

Wir müssen annehmen, daß Erschwerungen für das Mädchen eingetreten sind wie für jedes verzärtelte Kind. Es ist unmöglich, diese Verzärtelung durchzuführen, und das Geschimpfe sagt ja nichts anderes, als daß einer seinen Zorn über diesen Verlust in herabsetzenden Bemerkungen äußert.

(Fall: Ein Mädchen, das eine freie Liebesbeziehung eingegangen ist, leidet unter dem Zwangsgedanken, daß irgendwer ein Mörder ist. Sie ist das älteste Kind, verzärtelt, ehrgeizig, bei der Großmutter aufgewachsen. Wenn wir Großmutter hören, können wir Verzärtelung voraussetzen. Mit 16 Jahren begann eine Beziehung zu einem älteren Mann. Das bedeutet Schwäche und Neigung, verzärtelt zu werden. Die Volksweisheit sagt: von einem Alten wirst du gut gehalten. Die Beziehung dauert lange und wird so erklärt: ich bin ein Trotzkopf und will meinen eigenen Willen durchsetzen, und der Mann ist auch ein Trotzkopf und so haben wir beschlossen, nicht zu heiraten. Das ist die Logik des Neurotikers. Der Mann ist gut, gibt ihr so ziemlich in allem nach, nur an der Kochkunst nimmt er Anstoß, und darüber ist dieses Mädchen besonders erbost. Es ist wichtig, nicht die eigene Auffassung an einer

besonderen Stelle vorzubringen, nicht zu insinuieren; wir müssen Klarheit verlangen und die ist nur im common sense zu finden, weniger in der Philosophie. Das Mädchen hat einen Mord in der Nachbarschaft erlebt; für sie ist es eine schreckliche Tatsache, für sie ist das Wort »Mörder« noch viel mehr als für andere, es ist die Verurteilung unserer Kultur.
Ihr Liebhaber hat es vermieden, sie vorzustellen, sie kann es nicht ertragen. Wir hätten es voraussagen können, daß sie eine freie Liebesbeziehung nicht vertragen wird, sie wird sich zurückgesetzt fühlen und wird darauf scharf antworten. Während des Krieges war der Liebhaber krank gewesen, und sie hat sich bemüht, ihm Milch zu verschaffen. Seine Mutter hat ihr die Milch abgenommen, ihr aber die Tür vor der Nase zugemacht. Dieses Mädchen ist in eine Situation geraten, wo sie den Mann schätzt, weil sie ihn braucht. Für sie hat die Liebesbeziehung viel mehr Bedeutung als für einen ausgeglichenen Menschen. Sie will an der Spitze stehen, will sich mit Gewalt durchsetzen. Die Fortsetzung der Beziehungen zieht sie vor, aber es liegt etwas Kränkendes darin, sie macht sich Luft, indem sie Personen verflucht, die sie gar nicht kennt. Wir können diesen Widerstand mit anderen vergleichen, etwa mit der Frauenbewegung, die gegen den Nachteil gerichtet ist, der dem weiblichen Geschlecht zuteil wird. So weit kommt sie nicht, nur bis zu Zorn und Wut. Sie rächt sich, indem sie jeden beliebigen Menschen für einen Mörder ansieht; das bedeutet eine Verdammung der Kultur. Anfangs wollte sie sich mitverfluchen, jetzt schließt sie sich aus.)

»Ohne daß sich dabei meine Lippen bewegten, fielen mir die schauderhaftesten Worte ein. Ich fühlte mich furchtbar bedrückt.«

Bedrückt sein, gehört zur Zwangsneurose. Sie braucht die Bedrückung, um eine Bürde zu haben. Das Gefühl, belastet zu sein, bauscht sie namenlos auf. »Ich kämpfe dagegen, ich kann es nicht loswerden, die Zwangsneurose ist eine schreckliche Last.«

»Und oft war ich schon nahe daran, mich dem Vater anzuvertrauen.«

Sie hat die Neigung, sich dem Vater anzuvertrauen, sie möchte ihm einen Wink geben: ich bin so unglücklich, mir muß man nachgeben, von mir muß man sich tyrannisieren lassen.

»Ich brachte es aber nicht über mich. Es war das Einzige, was ich ihm verheimlichte. Im empfand Wehmut.«

Auch wenn sie dem Vater nichts sagt, er wird bald etwas davon bemerken. Durch ihr schlechtes Aussehen, ihr versonnenes und verträumtes Wesen wird sich seine Aufmerksamkeit erhöhen.

»Und wenn ich ihn mit seinen schwachen Armen vor mir

sah, tat es mir so furchtbar leid. Ich dachte, wenn er davon wüßte!«

Durch die Schimpfereien fühlt sie sich überlegen.

»Ich bemühte mich, mir einzureden, es sei wer anderer damit gemeint.«

Sie will sich edel fühlen.

»Da tönte es mittendrein: der Vater ist ein ... Um mir zu beweisen, daß es doch nicht der Vater sei, dachte ich: der Vater ist es nicht, der Kerl ist unser Gehilfe, und rief: Krepieren soll er! Dann mußte ich innehalten, und da hörte ich: der Vater ist ein ... Da war mir, als sei alles auf den Vater gemünzt gewesen, und mir war förmlich, als hätte ich eines mit der Keule auf den Schädel gekriegt.«

Wir fragen uns: Kann man von diesem Mädchen etwas verlangen? Man kann nichts von ihr verlangen, weil sie sich nichts zutraut. Dieses Mädchen aus dem Volke fragt sich: Werde ich in meiner Zukunft eine solche Stelle einnehmen, wie ich sie in der Familie habe? Werde ich meine Fragen so lösen, daß ich im Mittelpunkt der Aufmerksamkeit stehen werde? Sie benötigt ihre Neurose, um sagen zu können: Ich habe meine Lebensaufgaben nicht lösen können, weil ich mit diesen Dingen so überbürdet war.

»Auf der Straße und in Gesellschaft war ich nie sicher davor.«

Wir sehen, wie sie die erste Lebensfrage beantwortet. Sie schafft eine große Distanz zwischen sich und den anderen.

»Ich hattte schon Angst vor mir selbst. Ich fürchtete stets, ein Unglück würde mich zur Strafe treffen.«

Hier ist die Unhaltbarkeit der Freudschen Auffassung vom Schuldgefühl zu ersehen. Es hat nur den Zweck, zur Vergrößerung des Misthaufens beizutragen. Sie türmt auf den Misthaufen noch das Schuldgefühl. Nietzsche hat recht, wenn er sagt: Gewissensbisse sind unanständig.

»Ich suchte mich auf jede Weise zu zerstreuen.«

Wir wissen schon, daß sie ihr nicht gelungen ist.

»Einmal waren Minna und ich auf dem Wege vom Turnverein; um meine Gedanken zu übertönen, redete ich auf meine Freudin ein. Auf einmal stockte ich, mußte abbrechen und nach innen lauschen ... Einmal war ich bei einem Kriminalfilm ›Der Mann mit den neun Fingern‹. Es war furchtbar.«

Das Stück ist gut, man kann es auf den Misthaufen legen.

»In dem Stück wurde eine alte Frau erwürgt. Die Eltern erwarteten mich nach der Vorstellung. Der Vater sagte, es sei Gift für mich, die Hauptursache meiner Verstörung ahnte er nicht. Ich kam mir als Mörderin meiner Eltern vor.«

Der Vater erlaubte sich, sie auszuzanken.

»Auch Gott mußte ich in Gedanken beschimpfen. Und dann hörte ich ein Gekeife wie vom Teufel: ›Das hast alles du gesagt!‹ Sofort antwortete ich im Stillen darauf: ›Gott ist der schönste Mann und der beste, den es gibt.‹«

»Während ich das Vaterunser hersagte, hörte ich: Heilige Maria, ich bete dich an. Nein, ich bete dich nicht an!«

Da ergibt sich ein hübsches Bild: wenn man den Mist nach links und dann nach rechts kehrt, so geschieht nichts, man hat so getan, als ob man etwas täte und während man die Zeit vertrödelt, rauscht die Zeit vorbei und man versäumt die Lösung seiner Lebensaufgaben.

»Hierauf flüsterte es nochmals: Ich bete dich an, Maria. Der Schweiß trat mir aus dem Leib.«

Der Zwangsgedanke muß den Betreffenden erschüttern. In dieser Erschütterung liegt die Hauptaufgabe der Neurose. Wir stehen hier vor einer Erweiterung unseres Verständnisses über die Bedeutung der Gefühle. Gefühle sind nie Argumente, sie laufen so, wie es der individuelle Stil des Lebens verlangt. Wir können einen Schritt weitergehen: das Arrangement arbeitet darauf hin, solche Gefühle zu erzeugen, die es dem Neurotiker erleichtern, seinem Lebensstil zu genügen. Dieses Mädchen hilft sich, indem es jene Gefühle erzeugt, die für sie eine unüberwindliche Schranke bilden. Wir hören, daß sie nicht in Gesellschaft gehen will, wir werden hören, daß sie keinen Beruf ausüben wird und wir werden hören, daß sie auch in der dritten Lebensfrage, in der Liebe versagen wird.

»Dann setzten die Beschimpfungen wieder ein, ich mußte wieder mit dem Gebet beginnen, ich strengte mich krampfhaft an, die bösen Gedanken traten dazwischen — es dauert oft eine Stunde, bevor ich ein Gebet zu Ende brachte.«

Sie hat auch mit der Religion keine Verbindung.

»In der Zeit begann ich mich für Männer zu interessieren.«

Gott hilft dem Gerechten.

»Ich wollte allen gefallen. Ich hörte Komplimente über meine Augen und schenkte ihnen besondere Aufmerksamkeit.«

Andere Psychologen wären überglücklich: sie beginnt zu kokettieren! Wir wissen schon, sie wird stecken bleiben.

»Ich bemühte mich, meine Augen zu schonen, damit sie nicht an Glanz verlieren.«

Eine neue Aufgabe.

»Ich führte manchmal ein kleines Nachbarskind im Kinderwagen im Park spazieren.«

Sie möchte selbst im Kinderwagen spazieren geführt werden. Wir wissen schon, daß es schlecht ausfallen wird.

»Es war sehr sonnig dort. Da stieg die Befürchtung in mir auf, die Sonne könnte mich blenden.«

Siehe Freud's Arbeit über einen Paranoiker. Wenn das kein

neues Hindernis ist, dann gibt es in der ganzen Psyche keine Hindernisse.

»Seitdem wich ich der Sonne aus.«

Sie schont ihre Augen. Andere Psychologen würden sagen: ein Zeichen, daß sie einen Mann finden will, und bemerken nicht, daß man ein Ding in das Gegenteil verkehren kann. Man kann die Augen so weit schonen, bis überhaupt kein Mann mehr da ist.

Wenn Sie derartige vage Symptome durchleuchten wollen, dann müssen Sie mit der Fangfrage der Individualpsychologie vorgehen. »Was geschieht bei der Gelegenheit, wenn ein Mädchen, wie dieses, der Sonne auszuweichen trachtet?« Alle Beziehungen fallen dadurch hinweg, besonders der Verdacht, daß sie der Liebe auszuweichen trachtet, wird stark und stärker, sie schließt sich ab.

»Ängstlich achtete ich darauf, mich ja keinem Sonnenstrahl auszusetzen. Sonnigen Stellen ging ich nach Möglichkeit aus dem Weg. Wenn ich aber doch aus dem Schatten heraustreten mußte —«

Sie sehen, wie viel sie dabei zu tun bekommt.

». . . und in der Sonne zufällig den Kopf hob, redete ich mir sofort ein, ich sei geblendet.«

Wenn da einer zurückblickt auf den Aberglauben der Völker, auf mythologische Details, wo von ähnlichen Dingen die Rede ist, kann er eine Phantasie herausbekommen, die fabelhaft ist. Auch in »Hamlet« heißt es: »Geh nicht in die Sonne, du könntest sonst in die Hoffnung kommen!« Das leitet sich von einem alten Aberglauben ab. Hier müssen wir nicht so weit gehen, als ob archaisches Denken dahinter wäre, es genügt, wenn das Mädchen etwas gefunden hat, wodurch sie abgeschnitten ist von dem Problem, das sie zu vermeiden trachtet.

»Ich dachte mir das so, daß die Sonne ein Stück meiner Sehkraft ausgezogen hätte, und ich jetzt erblinden müßte. Tag für Tag befiel mich diese Einbildung von Neuem. Die Einsicht, daß ich doch ebenso gut sah wie bisher, fehlte mir völlig.«

Sie hätte mit der Einsicht nichts machen können, die hätte ihr zu ihrem System nicht geholfen. Erst wenn sie annimmt, daß sie geschädigt ist, kann sie sich zurückziehen, also vor der Lösung ihrer Lebensaufgaben entfliehen.

»Wenn die Lina mit mir ausging, bat ich sie, in die Sonne zu schauen. Ich wollte erproben, ob sie es sich traute. Lachend unterzog sie sich dieser Prozedur. Dann kam die Mutter daran. Das genügte mir aber nicht im mindesten.«

Sie sehen, wie sie dabei verharrt und Vernunftgründen nicht mehr zugänglich ist. Wer die naive Frage aufwirft: Warum ist sie Vernunftgründen nicht zugänglich? der übersieht, daß sie nicht vernünftig handeln, sondern ausweichen will. Einem Deserteur, der an der Front ist, können Sie hundertmal die Schönheit des Trommelfeuers schildern, er wird nur in den Bereich des Denkens ziehen, was ihm zur Flucht verhilft.

»Ich holte die Olga herbei oder eine andere Freundin und ließ auch sie in die Sonne schauen.«

Das ist ihr unsozialer Zug. Sie ist durchdrungen von der Idee, daß die Sehkraft von der Sonne geschwächt wird, und läßt doch alle anderen in die Sonne schauen.

»Damit sie aber nicht etwa glaubten, ich sei gar närrisch geworden, richtete ich es so ein, daß ihnen mein Vorhaben nicht auffiel. Ich sagte z. B.: ›Ich weiß nicht, was ich in den Augen hab, ich kann nicht in die Sonne schauen, kannst du es vielleicht?‹ Und sobald eine den Blick zur Sonne hob, mußte ich fürchterlich lachen.«

Das sieht doch so aus, als ob sie eine Schädigungsabsicht hätte, als ob sie es für wünschenswert hielte, daß die anderen in ihrer Sehkraft geschwächt würden. Es ist das Lachen des Siegers, wahrscheinlich ein Versuch, den anderen auch körperlich überlegen zu sein, gestützt auf die Idee, daß sie ein Geheimnis kennt. Sie ist überlegen, die anderen wissen es nicht.

»Ich meinte, daß auch sie dadurch ein wenig geblendet seien, und das freute mich.«

Sie sehen, wie sich das immer wieder bestätigt.

»Auf der Straße hielt ich nun die Augen stets zu Boden gesenkt. Beim Aufschauen schützte ich sie mir mit der Hand. Trotzdem packte mich meine Einbildung immer wieder. Dann rannte ich wie besessen nach Haus und sagte dem Vater weinend: ›Ich bin jetzt von der Sonne geblendet worden! Ich mag von nichts mehr wissen, ich bring mich um!‹«

Sie treibt jetzt die Desertion auf die Spitze, spielt mit Selbstmordgedanken. Sie hat die Hoffnung verloren. Arme, Waden, Augen gefallen ihr nicht mehr.

»Hierauf machte ich den Eltern heftige Vorwürfe, weil sie mich hatten weggehen lassen. Zuerst lachten sie und fragten, ob ich verrückt geworden sei. Der Vater versicherte mir, die Sonne hätte sogar große Heilkraft. Oft stellte er sich zum Fenster, öffnete es und rief mir zu: ›Sieh her, wie ich in die Sonne schau! Ich wäre froh, viel in die Sonne spazieren gehen zu können!‹ Wenn ich sah, wie sich der Vater ruhig von der Sonne bestrahlen ließ, stutzte ich. Doch dann begann ich von Neuem zu lamentieren . . . Ich hatte ständig ein entsetzliches Angstgefühl in mir, witterte dauernd eine schreckliche Gefahr.«

Diese Gefahr ist natürlich die Niederlage in der Liebe, wie wir bisher gefunden haben. Sie ist zu stolz, ein Mädchen, das an der Spitze sein will, wird sich mit dem Gedanken nicht vertraut machen wollen, daß es einer Niederlage entgegengeht, daher wird Angst in der Art konkretisiert; diese Angst genügt dann, um zu desertieren.

»Zuletzt wagte ich mich kaum mehr auf die Straße hinaus. Ich fürchtete auch, ein Blitz könnte niedersausen und mich blenden. Wenn bloß die Sonne durch ein Fenster auf mich herabschien oder jemand mit einem Spiegel spielte, und es traf mich ein Lichtreflex, war es um mich geschehen.«

Geh nicht in die Sonne! Laß dich nicht anschauen, du kannst nicht konkurrieren! Wenn mich der Strahl aus einem Spiegel trifft, werde ich schon unglücklich.

»Nirgends fühlte ich mich sicher. Ich sagte mir, daß man dem Unglück, das einem bestimmt sei, nicht entkommen könne, auch wenn man sich in einer Kammer einsperrt. Ich war schon ganz lebensüberdrüssig und erwog, ob es nicht besser wäre, mich umzubringen, statt so einem Schicksal entgegen zu gehen.«

Und nun gibt es Konsequenzen in dieser Idee. Sie schiebt das Problem des Sehens in den Vordergrund. Um diese Haltung zu rechtfertigen, muß sie andere Maßnahmen treffen. Da hören wir nun:

»Um meine Augen nicht anzustrengen, las ich so wenig wie möglich.«

Hier werden wir erinnert, daß sie mit Emphase von der Lektüre schlüpfriger Schriften gesprochen hat. Das kann ein Ausweichen sein vor ihnen und eine Bestätigung, daß sie die Augen schonen muß.

»Beim Lesen wurde ich immer dadurch irritiert, daß ich meine Nasenspitze sah.«

Wir verstehen das sehr gut, weil sie immer auf die Nasenspitze geschaut hat. Das würde jeder andere auch treffen, nur hat ein anderer kein Interesse daran. Es ist ein sehr gutes Mittel, um das Lesen auszuschalten.

»Ich bildete mir ein,«

— Wir kommen in die Nähe eines Schönheitsfehlers. —

»ich schiele. Ich drehte mich hin und her, hielt das Buch in den verschiedenen Lagen — die Nasenspitze verfolgte mich wie das böse Gewissen.«

Sie sehen, wie sie immer mehr und mehr sich mit Dingen präokkupiert, die es ihr ermöglichen, an eine Schwächung des Augenlichtes zu denken. Wir fragen uns mit Recht, was bleibt dann noch übrig?

»In der Bibel hatte ich einmal gelesen, daß einem Frommen Unrat in die Augen geflogen war, wodurch er erblindete. Daran erinnerte ich mich jetzt. Unter Unrat verstand ich Vogelmist. Nun paßte ich gut auf, wenn ich an einem Baum

vorbeikam. Auch vor Dachrinnen, wo sich ja Sperlinge und Tauben gern aufhalten, hütete ich mich wohl. Dagegen schaute ich viel auf grünes Laub, weil ich gehört hatte, die grüne Farbe sei gesund für die Augen.«

Je mehr sie von solchen Tricks ersinnt, um ihr Augenlicht zu stärken, desto mehr wächst die Überzeugung, daß es schlecht bestellt sei um ihre Augen.

»War auf unserer Petroleumlampe der Schirm nicht darauf, wurde ich direkt tobsüchtig.«

Sie sehen wieder, wie diese Neigung übergreift auf ihr Machtverlangen, die anderen müssen Rücksicht darauf nehmen.

»Ins Licht oder ins Feuer schaute ich nie. Hie und da wurde bei uns von Augenkrankheiten gesprochen, zum Beispiel vom Star. Die anderen deuteten dabei mit den Fingern auf ihre Augen. Das vermied ich streng. Wenn ich aber daraufkam, daß ich es unwillkürlich doch getan hatte, fürchtete ich sogleich, ich werde nun das Augenleiden kriegen, von dem die Rede war.«

Also, das ist eine der gewöhnlichen Erscheinungen der Hypochondrie oder der Zwangsneurose. Sie nehmen alles unbesehen, wenn es ihnen in den Kram paßt, wenn es ihnen nur möglich ist, die Zeit zu vertrödeln, Schutz, Sicherung zu gewinnen, um nicht ins Leben hineingerissen zu werden. Sie fühlt den Strom des Lebens und greift in die Disteln, um sich festzuhalten.

»Ich bildete mir auch ein, die Augen könnten mir infolge zu angestrengten Blickens aus den Höhlen springen. Da drückte ich sie mit den Fingern behutsam zurück.«

Von hier zweigt ab, was wir als stereotype Bewegung bei der Schizophrenie kennen. Man staunt über das scheinbar Unsinnige. Dieses Mädchen ist beseelt von dem Gedanken: wie kann ich mich schützen, sichern vor der Liebe, der Ehe, der Frauenrolle? Da ist ihr alles andere gleichgültig und sie fühlt sich gesichert. Hinter dieser Wirrnis blinkt ein Stern: die Enthebung von der Frauenrolle. Sie zahlt die Kosten, sie leidet, aber nur um in der Zukunft zu gewinnen.

»Ich weigerte mich, einen blinden Klavierstimmer kommen zu lassen. Mir war fast, als wäre Blindheit ansteckend. Oft bildete ich mir sogar ohne Anlaß ein, mit den Augen irgendwo angekommen zu sein und sie mir ausgeschlagen zu haben . . . Dieser Wahn dauerte ungefähr drei Monate und wurde durch eine Verstörung abgelöst, zu der gleichfalls Komplimente den Anstoß gaben.«

Komplimente waren auf ihre Augen gerichtet, so vernichtet sie die Augen. Nun sind es abermals Komplimente.

»Diesmal waren es meine Zähne, auf die sich meine krankhafte Sorge bezog.«

Man hat ihr Komplimente wegen ihrer Zähne gemacht, das klingt: Du taugst ja für die Frauenrolle!

»Als ich einmal beim Trinken mit dem Glas an einen der oberen Vorderzähne ankam, bildete ich mir plötzlich ein, mir ein Stück davon ausgeschlagen zu haben. Voller Angst rannte ich zum Vater und rief: ›Gottes Willen! Ich habe mir ein Stück Zahn abgebrochen.‹

Aus ist's mit der Schönheit!

»Dann riß ich den Mund auf und ließ den Vater hineinschauen. ›Wo denn?‹ fragte er erstaunt. Um zu sehen, ob er von selbst darauf käme, wollte ich ihm zuerst nicht sagen, welchen Zahn ich meinte. Als er aber nichts finden konnte, schrie ich: ›Ein vorderer ist's!‹ und wies auf den betreffenden Zahn hin. Die Eltern untersuchten ihn genau, betrachteten ihn von allen Seiten, konnten aber keinen Schaden daran entdecken. Ich wurde immer zorniger, lief zum Spiegel und sah mir ihn selbst an.«

Wenn Sie sich dieses Mädchen vorstellen: das Lob ihrer schönen Augen wirkt wie ein Aufruf, an die Front zu gehen. Da kommt wer und lobt die Zähne. Nun geht sie gegen die Zähne los.

»Und da war mir, als wäre er um einen Gedanken kürzer als der Nebenzahn. Jetzt war ich erst recht überzeugt, mir ein Stück abgebrochen zu haben und erhob ein jämmerliches Geschrei. Als dann die Lina nach Hause kam«,

– Sie erinnern sich, sie ist Sachverständige, Assistentin bei einem Zahntechniker. –

»mußte auch sie mir in den Mund schauen. Aber auch sie fand nichts. Ich fragte sie, ob sie es wagen würde, ebenfalls mit einem Glas an einem Zahn anzustoßen. Lachend nahm sie ein Glas und klopfte damit an ihre Zähne. Ich stand in der Mitte und sah ernst zu ... Auf meine Zähne war ich übrigens seit jeher sehr heikel. Ich erinnere mich an folgendes:«

Das ist der Zahnkomplex. Jetzt wird sie beweisen, daß es mit den Zähnen immer schon nicht ganz richtig gewesen ist.

»Die vorderen Milchzähne wackelten schon stark. Man hätte nur ein wenig anziehen müssen, um sie hinauszubefördern. Der Vater wollte es mit einem Faden versuchen. Ich zog aber vor, es selbst zu probieren, band einen Zwirnfaden um einen Zahn, befestigte das andere Ende an die Türschnalle und begann vorsichtig zu ziehen. Da bekam ich Angst und ließ es wieder sein. Dann schaute sich ein Zahntechniker, der ein Kunde von uns war, meine Zähne an. Nur widerwillig öffnete ich den Mund. Und ehe ich mich dessen versehen hatte, war schon der Zahn, der am meisten wackelte, gezogen. Er blieb aber im Mund drin und in meiner Verwir-

rung schluckte ich ihn. Darüber regten sich die Eltern sehr auf. Ich mußte ein paar Tage Kraut essen . . . Mit sechs Jahren hatte ich einmal Schmerzen in einem Stockzahn. Am Weg zum Zahnarzt weinte und jammerte ich und wollte nicht weiter. Der Vater versprach mir ein Handtäschchen, wenn ich mir den Zahn reißen ließe. Ich wollte aber zuerst das Täschchen, und der Vater kaufte mir auch wirklich ein reizendes Handköfferchen. Dann riet er mir, an den ›Tapferen Zinnsoldaten‹ zu denken — was der alles mitgemacht hätte. Als wir aber vor der Tür des Zahnarztes anlangten, sagte ich zum Vater: ›Gehen wir lieber zu einem anderen — bei dem hier würde ich sicher schreien — bei einem anderen hätte ich mehr Mut.‹ Und wir kehrten um und wanderten zu einem anderen. Der sah sich den wehen Zahn an und meinte, er gehöre hinaus. Daraufhin flüsterte ich dem Vater ins Ohr: ›Ich muß es mir erst überlegen, der macht ein so finsteres Gesicht — gehn wir lieber zu einem andern.‹ Und wir machten uns unter irgend einem Vorwand abermals auf die Beine, kehrten aber schließlich nach Hause zurück. In der Nacht bekam ich aber solche Schmerzen, daß die Mutter in aller Früh mit mir zu einem Zahnarzt gehen mußte. Ich dachte fest an den ›Tapferen Zinnsoldaten‹ und hab mir den Zahn endlich reißen lassen.«

»Das war damals. Jetzt aber hatte ich meine Zahnangst ohne jede ersichtliche Ursache, ohne jeden Zahnschmerz. Die bloße Einbildung, mit dem Mund irgendwo angekommen zu sein, genügte schon, um mich glauben zu machen, ich hätte mir einen Zahn ausgeschlagen. Die Stellung, in der mich diese Idee befiel, nahm ich dann nochmals ein und maß dabei mit der Hand die Entfernung meines Mundes vom Gegenstand ab, dem ich in die Nähe gekommen war, zum Beispiel einem Kasten oder dem Klavier. Ich wollte mir beweisen, daß ich in Wirklichkeit unmöglich daran gestoßen sein konnte. So viel Vernunft hatte ich mir also bewahrt. Dennoch war das Ergebnis dieses Beweisverfahrens kein anderes, als daß ich nur noch aufgeregter wurde. Ich glaubte nämlich, ich hätte dabei nicht genug acht gegeben und mir erst recht einen Zahn beschädigt. Und immer wieder probierte und maß ich von Neuem. Und immer wieder bildete ich mir von Neuem ein, mir dabei einen Zahn abgebrochen oder zumindest stark gelockert zu haben. Ich experimentierte so lang, bis ich vor lauter Anstrengung und Aufregung ganz erschöpft war. Verzweifelt warf ich mir dann vor: ›Wie kann ein Mensch so blöd sein, sich absichtlich einen Zahn herauszuschlagen.‹«

Jetzt hat sie ihn schon ausgeschlagen. Der Zahn spielt eine außerordentlich große Rolle. Ich zweifle nicht, daß einer den

Weg sehen könnte, wie ein Mensch z. B. zum Zahn-Fetischismus kommt. Das wäre hier nicht ganz ausgeschlossen, das ist nicht der entwickelte Fall, aber man kann nicht leugnen, daß der Zahn im Mittelpunkt der Überschätzung steht.

»Die Eltern mußten in einem fort in meinen Mund schauen.«

Sie sehen, wie die Zeitvertrödelung schon einen ungeheuren Umfang annimmt, wie dieses Mädchen in den Mittelpunkt rückt.

»Sie konnten natürlich nie etwas finden. Niemand konnte das mindeste finden, auch ich nicht. Ich glaubte aber weder den anderen noch mir.«

Sie sehen, sie hilft sich auf einfache Weise, um ihren Weg weiter verfolgen zu können. Sie ist bei den Zähnen und fern von der Frauenrolle.

»Als ich nun gewisse kleine Unregelmäßigkeiten an meinem Gebisse entdeckte, die mir bis dahin nicht aufgefallen waren, bildete ich mir ein, es seien Schäden, die ich mir selbst zugefügt hätte, und fing wieder an, zu wüten. Beim Kirschenessen passierte es mir manchmal, daß ich auf einen Kern biß. Das betrübte mich so sehr, schmetterte mich derart nieder, daß ich einen ganzen Tag brauchte, um mich zu erholen. Schließlich quetschte ich aus den Kirschen, bevor ich sie aß, die Kerne heraus. Auch Äpfel aß ich dann auf eine besondere Art. Ich schnitt sie in dünne Scheiben, die legte ich aufs Messer und führte sie so vorsichtig in den Mund. Einmal kam ich dabei mit dem Messer an den Zähnen an, und sofort bildete ich mir ein, ich hätte darauf gebissen. Ich geriet ganz aus dem Häuschen und jammerte: »So was hat sicher noch kein Mensch gemacht — in ein Messer hineinbeißen und sich die Zähne ausbrechen!« Die Eltern fragten, was denn schon wieder los sei. Die Lina war auch gerade anwesend. Alle belustigten sich sehr, als sie erfuhren, was geschehen war. Der Vater meinte: ›Ganz recht geschieht Dir mit Deinem übertriebenen Aufpassen!‹ Da wurde ich nur noch gereizter, ich glaubte den Worten des Vaters die Bestätigung entnehmen zu können, daß ich mir die Zähne abgebrochen hätte und zwar aus eigener Schuld. Schluchzend schrie ich ihn an: ›So! Jetzt gibst Du also zu, daß ich mir die Zähne ausgebissen habe!‹ Der Vater entgegnete: ›Ich geb gar nichts zu. Aber wenn Du schon so närrisch bist, Dir so was einzubilden, so iß das nächstemal Äpfel wie alle anderen Menschen.‹ Ich hörte aber nicht auf, zu weinen. Da ergriff die Lina ein Messer und klopfte damit an ihre Zähne. Dann fragte sie mich lächelnd, ob es schon genug der Vorführung sei. Halb und halb war ich für den Augenblick beruhigt. Ein paar Monate vorher hatte ich ein-

mal bemerkt, daß auf einem meiner Vorderzähne ein wenig Zahnstein sei. Den hatte ich mir damals mit einer Nadel heruntergekratzt. Als mir das jetzt einfiel, wurde ich furchtbar verzweifelt. ›Mein Gott‹, sagte ich mir, ›das hat sicher noch nie ein Mensch getan — sich die Glasur von den Zähnen herunterzukratzen!‹ Ich hätte mich am liebsten gleich umgebracht. Wenn ich Kaffee trank, war mir oft, als sei infolge der Hitze die Glasur der Vorderzähne abgesprungen. Ich hütete mich nun, Flüssigkeiten heiß — aber auch kalt — zu mir zu nehmen, trank Kaffee, Tee, Suppe, Bier, sogar Wasser nur lau. Ich aß nichts Hartes mehr. Ich fürchtete, mir dabei einen Zahn auszubeißen. Brotrinde aß ich nicht mehr, auch nicht Fleisch, an dem ein Knochen war. Keine Schokolade, keine Zuckerl. Dann kaute ich überhaupt nicht mehr. Ich ließ die Speisen im Mund förmlich zergehen, lutschte daran wie eine zahnlose Greisin. Das war ein so komischer Anblick, daß sich die Eltern darüber krumm lachten. Dann scheute ich mich sogar, das Besteck mit meinen Zähnen in Berührung zu bringen. Ich riß den Mund so weit als möglich auf und steckte die Speisen vorsichtig herein oder ich zuzelte sie mit den Lippen von der Gabel oder dem Löffel herab. Schließlich aß ich nur noch mit den Fingern ... In der Elektrischen, wenn eine Scheibe klirrte, stellte ich mich aus Angst, sie könnte herunterfallen und mir einen Zahn ausschlagen, auf die Plattform hinaus.«

Sie sehen, wie sie ihr ganzes Leben so einrichtet, daß sie an jeder Beschäftigung gehindert ist.

»Auch dieser Wahn währte einige Monate. Es folgte aber ein noch viel ärgerer. Ich hatte eine martervolle Jugend.«

»Ich kehrte eben aus der Schule zurück. Ich hatte eine Freundin begleitet und wollte nun die W.-Gasse überqueren. Da kommt mir ein Mann entgegen, der ein Tuch um das Gesicht gebunden hatte. Ich dachte zuerst, er hätte Zahnschmerzen. Als er aber an mir vorbeiging, merkte ich, daß sein ganzes Gesicht zerfressen war. Man sah keine Nase, kein Lippen, bloß lauter rote Löcher. Ich war wie vom Schlag getroffen. Ein solches Grauen packte mich vor diesem Menschen, daß ich, um nicht in seine Fußstapfen zu treten, umkehrte und auf einem Umweg nach Hause lief.«

Nun kommt die Lupusphobie und bringt die Furcht vor Ansteckung. Da wir nun schon klarer sehen, liegt die Vermutung nahe, daß sie die Furcht vor Ansteckung in den Kreis ihrer Sicherungen zieht, um sich noch mehr darauf stützen zu können, daß sie in der Liebes- und Ehefrage nicht mehr mitspielen könne.

X. Kapitel

Das Letzte was sie gesammelt hat, um sich von der Wirklichkeit loszulösen, war ein Mann mit einem Exanthem.

»Ein solches Grauen packte mich vor diesem Menschen, daß ich, um nicht in seine Fußstapfen zu treten, umkehrte und auf einem Umweg nach Hause lief.«

Sie sehen, wie die Skala derjenigen Eindrücke fortschreitet, die sie aus dem Leben heraustreiben sollen. Unter den Klängen des Retiriermarsches bewegt sie sich und findet immer wieder Anlaß, die Flucht fortzusetzen.

»Noch voller Schreck erzählte ich dem Vater, was ich gesehen hatte.«

Nun wird man auch bezüglich einer solchen Mitteilung fragen: Warum erzählt sie das dem Vater? Man könnte sagen: sie war ja mit dem Vater auf gutem Fuß. Hier ist die Rechtfertigung für ihr Verhalten: damit er versteht, was folgen muß, daß sie sich enger an die Familie anschließt, alle Beziehungen zur Umwelt einschränkt, mit Bürden beladen, um als unfähig zu scheinen, die Aufgaben zu lösen.

»Er meinte, es werde wohl Lupus gewesen sein. Was das sei? Eine fressende Krankheit, der Name bedeutet auf Lateinisch Wolf. (Der Vater, der eine krankhafte Angst vor Lungenleiden hatte, besaß ein paar medizinische Bücher, in denen er oft las. Daher seine Kenntnisse.)«

Da könnte einer sagen: der Vater hat auch eine Phobie. Es ist vererbt. Das Mädchen kommt ins Training. Sie nimmt die Mittel, deren sie sich bedienen kann, woher immer, auch vom Vater, er hat auch schon vor der Krankheit Angst, das erscheint ihr wertvoll in dieser Situation. Gestützt auf diese Furcht vor einer ansteckenden Krankheit, glaubt sie das Recht zu haben, sich von der Außenwelt loslösen zu können. Warum? Das sind nicht angeborene Komponenten, hier handelt es sich nicht etwa um eine biologisch qualifizierte Form einer Libido, sie will an der Spitze stehen und merkt, daß sie in der Außenwelt unmöglich diese hohe, erhabene Rolle spielen kann wie innerhalb der Familie. Wer daran zweifelt, den möchten wir fragen: wer verläßt gern eine angenehme Situation, um in eine unangenehme zu gehen? Hier spricht der common sense, hier sind tiefschürfende Hypothesen nicht am Platz. Wenn einer anderes sagen würde, dann soll er es versuchen und zeigen, ob er leicht aus einer angenehmen Situation in eine unangenehme gehen würde.

»Ich wollte nun wissen, ob diese Krankheit ansteckend sei.«
Ich habe darauf hingewiesen, daß es nicht ausgeschlossen ist, daß dieses Mädchen von ansteckenden Geschlechtskrankheiten etwas weiß.

»Er versicherte mir, es sei nicht der Fall. Ich glaubte ihm aber nicht. Auch nicht, als mir dann die Lina seine Worte bestätigte. Von allem Anfang an, war ich fest überzeugt davon, Lupus sei ansteckend.«

Ich möchte ein Wort hinzufügen über die eigentümliche Art von Nervösen, wie sie ihre Auffassung begründen. Sie müssen recht haben, alles wird gedreht, bis das herauskommt, was sie wollen. Diese Krankheit muß ansteckend sein. Auch wenn alle Autoritäten dagegen sind, sie wird behaupten, die Krankheit ist ansteckend. Das finden Sie nahezu bei jeder Neurose, die Form der Logik, die unhaltbar ist, deren Stärke dagegen darin beruht, daß sie den Patienten erlaubt, das zu tun, was sie auch ohne Beweis tun würden. Z. B. habe ich eine Patientin gekannt, die immer die erste Rolle gespielt hat, dann in eine schlechte Situation geraten ist wegen einer mißglückten Ehe. Sie arrangierte einen Hungerstreik, erklärte nichts mehr essen zu können, weil sie eine schwache Lunge habe und sie beim Schlucken Hustenreiz bekäme, wodurch ihre schwache Lunge geschädigt werden könne. Deshalb könne sie nichts essen. Das ist der Versuch eines Selbstmords. Wenn dann solche Patienten im weiteren Verlauf der Gedankengänge so weit kommen, um zu sagen: das Wichtigste wäre, aufzustehen und spazieren zu gehen, damit ich Appetit bekomme, so werden Sie schon aus den unmöglich erfüllbaren Bedingungen sehen, daß es nicht ernst gemeint ist. Es stellt sich ein Nein heraus gegenüber dem Leben . . . Obwohl zwei Fachleute behaupten, Lupus sei nicht ansteckend, bleibt sie dabei.

»Am liebsten hätte ich nun die ganze W.-Gasse nicht mehr betreten. Da wir aber in ihrer allernächsten Nähe wohnten und auch der Weg in die Schule darüber führte, konnte ich ihr nicht gut ausweichen. Allmählich aber verging diese Angst.«

Wie soll man sich das erklären. Sie hören, eine solche Krankheit kann nur vergehen, wenn man sie einige Wochen, wie wir, oder wie andere, Jahre hindurch behandelt? Das Mädchen sagt: allmählich verging die Angst von selbst. Wir denken nicht an eine Wandlung der Libido. Wir wissen, das Mädchen hat nur vorübergehend den Mut verloren. Ihre Machinationen werden nun als überflüssig empfunden, sie versucht es nochmals, sich in das Leben hineinzufinden. So erklärt es sich ganz von selbst, daß der Mut sich hebt, daß dieses Mädchen diese Angst verliert. Auf was warten wir nun? Wir sehen, wie dieses Mädchen sich der Liebesfrage gegenüber zögernd verhält. Wir beobachten, wie sie ihr ausweichen will. Wir wollen weitere Bestätigungen haben, ob wir auf dem rechten Weg sind. Alle diese Erscheinungen sind nichts anderes, als Versuche, sich der Lösung der Liebefrage zu entziehen.

»Da holte mich eines Nachmittags ein Bursch ab, ein Bekannter der Olga, der uns beide verehrte. Wir machten zusammen einen Spaziergang und kamen dabei durch die Borschkegasse, wo damals das Lupusheim lag. An dessen Fenstern war so eine Art grüne Gaze vorgespannt, ähnlich der, woraus man Schmetterlingsfänger macht; und dann hörte ich so ein surrendes Geräusch von irgendwelchen Apparaten. Und auf einmal sehe ich, wo ich eigentlich bin. Ich war entsetzlich niedergeschlagen, sprach kein Wort mehr und wankte gebrochen nach Hause. Wie gelähmt war ich. Mein Denken stand förmlich still und nur eines erfüllte mich: Entsetzen vor dem Lupus.«

Gerade in dem Moment, wo sie mit dem Burschen geht, der zwei Mädchen verehrt, »erfüllte mich nur eines mit Entsetzen.« Wir hätten zum mindesten zwei Gegengründe erwartet: 1. daß dieser Bursche auch für ein zweites Mädchen schwärmt, 2. daß sie die Lupusangst jeder Lösung der Frage überheben kann.

»Die ängstlichen Fragen der Eltern, warum ich denn so verstört sei, konnte ich zuerst gar nicht beantworten. Durch meinen Kopf wirbelten schauerliche Gedanken. Ich dachte mir, daß die Leute, die zufällig in die Fußstapfen eines Lupuskranken getreten seien, alle Bezirke, die ganze Stadt mit dem Krankheitskeim vertreten müßten.«

Nicht wahr, jetzt ist schon die ganze Stadt voll von Lupus? Jetzt kann man nirgends mehr hingehen. Es vollzieht sich schrittweise die Entwicklung gegenüber der Liebesfrage.

»Wo, fragte ich mich, ist auf der Erde noch ein Platz, wo es keinen Lupus gibt? Wo ein Fleckerl, wo nicht ein Lupuskranker Bakterien hinterlassen hat? Die ganze Welt kam mir infiziert vor.«

Sie sehen hier wieder die ausschaltende Handbewegung des verzärtelten Kindes, von der ich öfters gesprochen habe.

»Ich hatte das Gefühl, mit Ringen umschlungen zu sein, aus denen es kein Hinaus gibt. Zugleich empfand ich Haß und Abscheu vor den Lupuskranken.«

Auch hier wollen wir ein bißchen verweilen. Die meisten werden sagen, das ist natürlich. Aber es gibt andere Situationen im Leben der Nervösen, wo es nicht klar zutage tritt, wie, daß sie auch Abscheu vor Spinnen, Mäusen haben. Warum diese

Betonung des Hasses und der Abscheu? Wenn dieses Mädchen eine besondere Vorliebe für Lupus gehabt hätte, hätte sie das Spiel nicht spielen können, sie kann den Lupus nicht genug hassen und verabscheuen. Es gehört zu ihrem System. Wenn sie es nicht täte, würde ich behaupten, sie ist idiotisch. Sie handelt aber ganz richtig.

»Der Einwand des Vaters, daß doch alle anderen Menschen ohne solche Angst lebten, nützte gar nichts. Mir war ja, als sei der Lupus eigens für mich da.«

Da sehen Sie nun, wie sie es richtig sagt und doch nicht versteht. Er ist nämlich wirklich für sie da.

»Eine Strafe für mich ganz allein.«

Diese Strafe darf man nicht ernst nehmen. Nervöse sagen: »Das ist die Strafe für meine Sünden.« Dem Mädchen liegt gar nichts daran, einen Schuldkomplex zu konstruieren, wenn sie nur die Liebe ausschalten kann.

»Wie eine grauenvolle Riesenspinne krallte sich die Furcht vor dem Zerfressenwerden in mich. Hätte ich ein Mittel gewußt, mich rasch zu töten, ich hätte es angewandt. Aber ich wußte keines.«

So weit ist sie nicht, völlig abzubrechen, sie hat noch eine Ressource: die Familie; man könnte ein solches Mädchen zum Selbstmord treiben durch Abbruch aller Beziehungen mit der Familie z. B., wenn sie in einem Sanatorium nicht freundlich behandelt werden würde, wenn die Eltern sich von ihr abwenden würden, wenn sie sie für vollständig verloren erklären würden: »Besser tot als so zu leben.« Dann könnte es sein, daß dieses Mädchen Selbstmord begeht.

»Bis zur Gefühllosigkeit zermartert, machte ich mich nun daran, Hände und Gesicht mit Hypermangan zu waschen. Den Mund spülte ich mir mit dem Mundwasser der Lina gründlich aus. Meinen Mantel gedachte ich nicht mehr anzuziehen. Ich bildete mir ein, ihn durch Anstreifen am Lupusheim infiziert zu haben. Die Schuhe zog ich mit Handschuhen aus, wobei ich sorgsam darauf achtete, die Schnürriemen nicht an den Sohlen ankommen zu lassen, die ich für besonders stark infiziert hielt. Voller Schrecken beobachteten die Eltern mein Treiben. Dann fragte ich den Vater, ob es möglich sei, sich durch die Luft zu infizieren, die aus dem Lupusheim herausströme. Er lachte mich aus und erwiderte, das sei völlig ausgeschlossen, sonst müßten ja alle Leute, die dort wohnten oder dort vorbeikämen, krank werden.«

»Das leuchtete mir auch ein. Doch blieb ich fest dabei, daß meine Sohlen infolge Berührung mit den Fußstapfen der Lupuskranken infiziert seien, und dadurch auch unser Boden« –

Das sind die gewöhnlichen Argumente von Patienten mit Waschzwang. Das dient dazu, um einen Bereich des Lebens auszuschalten, weil sie dort nichts erhoffen, weil sie sich dort nicht sicher fühlen. Wir haben gehört, die Verwirrung verstärkt sich in dem Moment, wo sie mit dem Burschen geht, der für ein anderes Mädchen auch schwärmt.

— »und daß vielleicht ein Lupuskranker aus einem der Fenster des Heims herausgespuckt hätte, und ich auf den ansteckenden Auswurf getreten sein könne. Die Eltern gaben sich verzweifelte Mühe, mich von diesen Ideen abzubringen. Vergebens.«

So ist der Zustand stabilisiert, daß sie im Haus der Mittelpunkt geworden ist, mehr wie früher, daß es ihr damit gelungen ist, alle Beziehungen zur Außenwelt auszuschalten.

»Schuhe und Mantel rührte ich seitdem nur mit Handschuhen an. Einmal glitt mir eine Schoß zu Boden — die mußte die Mutter herschenken. Aber auch die Mutter wollte ich nicht mehr berühren, weil sie doch beim Aufwaschen und Auskehren mit dem Boden in Berührung kam. Meine fürchterliche Erregung entlud sich in häufigen Weinkrämpfen. Um mich zu beruhigen, griffen die Eltern und die Lina vor meinen Augen mit den Fingern auf den Boden und an meine Sohlen. Als aber dann die Mutter Brot schnitt, ohne sich vorher die Hände gewaschen zu haben, erhob ich ein Geschrei und weigerte mich, davon zu essen. Man mußte mir einen frischen Laib holen. Auch unsere Türschnallen faßte ich nur mehr mit Handschuhen an und nahm überdies noch ein Stück Papier dazu.«

Das ist der gewöhnliche Trick bei Patienten mit Waschzwang. Infolge dieses Umstandes werden sie aber eine solche Schweinerei in ihrem Zimmer anstellen, wie man sie nur bei Leuten findet, die sich unausgesetzt waschen und gegen den Schmutz ankämpfen.

»Sie waren ja von den infizierten Händen meiner Angehörigen infiziert! Ferner fiel mir ein, daß man ja nie wissen könne, ob das Geld nicht von einem Lupuskranken berührt worden sei. Da rührte ich keines mehr an, vielmehr nahm ich dazu ein Stück Papier in die Hand, und wenn ich etwas zu besorgen hatte, packte ich das Geld in dem unvermeidlichen Papier ein und brachte es so zur Lina — die mußte mich begleiten und für mich zahlen.«

Jetzt hat sie schon einen Hofstaat. Es ist jemand da, der sie auf der Gasse begleiten muß. Hier haben wir die Platzangst.

»Und auch die Türklinken drücken, die mir schon überall verdächtig waren. Ein lupuskranker Bettler konnte sie ja angefaßt haben! Schmutz, Elend, Armut erschien mir überhaupt als die Vorbedingung für Lupus.«

In dieser Beziehung kann man ihr nicht so ganz unrecht geben.

»Schließlich rührte ich überhaupt nichts mehr ohne Papier an. Wenn ich nur einen Sessel von der Stelle rücken wollte oder irgend einen Gegenstand, z. B. eine Bürste, jemand reichen sollte, suchte ich erst Zeitungspapier. Ein paar Handschuhe, mit denen ich Geld angegriffen hatte, warf ich weg, weil ich ans Papier vergessen hatte. Bleistifte umwikkelte ich mit Papier, ehe ich damit schrieb. Ich dachte so weitverzweigt, daß es zuletzt überhaupt nichts mehr gab, was ich nicht infiziert wähnte.«

Ich erinnere mich an eine tolle Diskussion, die eine Patientin mit Waschzwang mit einem Chemiker hatte, wobei sie dem Chemiker beweisen wollte, daß überall in der Welt irgendwelche Partikelchen von Schmutz seien. Der Chemiker bestritt es. Ich war auf Seite der Kranken, es schien, daß sie recht habe. Es kommt aber nicht darauf an, ob man recht hat, sondern, ob man das Leben weiter vorwärts bringt, ob man sich nützlich macht. Damit macht man sich nicht nützlich, wenn man alles für schmutzig erklärt und die Hände in den Schoß legt.

»Einmal ging ich mit einer Schulkollegin und deren Mutter auf dem Gürtel spazieren. Plötzlich erblickte ich knapp neben dem Trottoir einen fürchterlich aussehenden Mann, wieder mit zerlöchertem, rotverschwollenen Gesicht. Ich bat meine Kollegin, ihn anzuschauen. Sie sah hin und fing schrecklich zu lachen an. Ich selbst brachte es nicht über mich, den Blick auf ihn zu richten. Ich war froh, daß ich mich auf der anderen Seite befand. Ich dachte mir auch, dieses Mädel werde nun gewiß Lupus bekommen, zur Strafe für die Verhöhnung.«

Auch hier muß ich etwas einschalten. Man bemerkt in der Lebensgeschichte von Phobikern sehr häufig, auch bei anderen Formen der Neurose, daß sie wie von einem teuflischen Unglück verfolgt sind. Ich glaube nicht, daß viele unter Ihnen sind, die schon zweimal in ihrem Leben einem Lupuskranken begegnet sind. Dieses Mädchen hat immer wieder oder wenigstens zum zweiten Mal dasselbe Erlebnis. Das sieht man bei Nervösen oft, wie sie unausgesetzt dieselben Erlebnisse haben. Ich erinnere mich an einen Fall von Waschzwang. Es war eine Frau, die in der ganzen Welt alles nach Schmutz untersucht hat, um den Schmutz zu beseitigen. Ich habe noch nie eine Person gesehen, die so oft von außen her mit Schmutz in Berührung gekommen ist, wie sie. Z. B. mit Exkrementen von Tieren. Einigemale, wenn sie vor einem Hause vorbeiging, war es gerade in dem Moment, wo der Hausmeister die Exkremente von Tieren herauswarf. Ich weiß nicht, ob es nur Zufall ist oder ob nicht eine Tendenz besteht, daß die

Nervösen ihren Ohrfeigen nachlaufen. Hier finden sie das wieder.

»Der Lina brachte ich zwei Stücke Zucker mit, die ich vorher an meinen Sohlen gerieben hatte.«

Sie sehen, wie weit die Entwertungstendenz geht. Sie geht gegen alle Menschen so vor, als ob sie sie vernichten müßte, weil sie sich nicht für konkurrenzfähig hält; nur sie ist tüchtig, nur sie ist angesehen.

»Ich war außer mir vor Freude, als sie sie aß.«

Sie sehen, daß das eine besonders vertiefte Form von Egoismus ist, der ausartet in verbrecherische Neigung, in Schädigungsabsicht. Es kann nicht bezweifelt werden, daß das eine Entwertungstendenz ist, in der sich der Egoismus gestaltet. Sie geht aggressiv gegen die Menschen vor. Das ist wohl Egoismus. Man kann ein anderes Wort wählen, aber jeder wird zustimmen müssen, daß das ein Mensch ist, der nur für die eigene Person interessiert ist. Den Kennern der Literatur möchte ich empfehlen, zu betrachten, ob der Vorgang der Entwertungstendenz noch vom »Narzissismus« erfaßt werden kann. Im »Narzissismus« ist der Begriff des Egoismus durchaus nicht inbegriffen.

»Ich glaubte allen Ernstes, sie werde davon ein bißchen Lupus kriegen. Nun fütterte ich alle Leute mit solchem Zucker, meine Familie ausgenommen. In der W.-Gasse, wo ja der Lupusmann an den Hausmauern und Gaskandelabern angestreift sein konnte, raffte ich immer meine Röcke ängstlich zusammen. Trotzdem bildete ich mir oft genug ein, ein Kleidzipfel sei dort irgendwie angekommen. Dann rannte ich schnurstracks nach Hause und riß mir die Kleider vom Leib. Ging ich aber mit einer Freundin zusammen diesen Weg, drängte ich sie unabsichtlich an die Mauern und Laternen an, damit auch sie ein paar Bazillen auf ihr Kleid bekäme.«

Wir werden uns hier daran erinnern, wie der erneute Ausbruch angegangen ist, als sie mit dem Burschen spazieren gegangen war, der auch für das zweite Mädchen schwärmte. Aus der Bewegung geht klar hervor, wie sie dieses zweite Mädchen, jedes Mädchen ausschalten will.

»Sobald ich ein Kleidungsstück, wofür ich Ersatz hatte, z. B. eine Schoß oder eine Bluse infiziert glaubte, schmiß ich es weg. Da es aber mit meiner Garderobe sehr traurig bestellt war, sann ich darüber nach, wie ich mir am besten helfen könnte. Ich verfiel darauf, den Vater mit dem heißen Bügeleisen und dem feuchten Lappen die Bakterien vernichten zu lassen.«

Sie hat eine Behandlungsmethode begonnen, die später in wissenschaftlichen Versuchen nachgeübt wurde.

»Meine Angehörigen mußten oft durch die gefährliche Gasse gehen. Wiederholt hatte ich sie darum gebeten, dort ja nirgends anzukommen. Obwohl sie es mir immer wieder versprachen, konnte ich mich doch des Gedankens nicht erwehren, daß sie sich um dieses Verbot gar nicht kümmerten. Jetzt durfte mir keines von ihnen mehr in die Nähe.«

Sie sehen, wie sie verstärkt. Der Aktionskreis wird kleiner und kleiner. Sie ist die Einzige in der ganzen Welt, die rein ist, frei von Bazillen, die das erkennt, in welches Unglück sich die anderen stürzen. Sie ist eine Heilige, die anderen sind profan, verderbt, angesteckt. Nur sie nicht. Es ist das Ziel der Überlegenheit auf der unnützlichen Seite, das sie mit billigen Mitteln erreicht.

»Und wenn wer an mir zufällig anstreifte, fluchte und tobte ich, bekam einen Weinkrampf und drohte, mich umzubringen. Ich wußte schon gar nicht, wohin mich setzen, um nur ja genug weit von den anderen entfernt zu sein. Zum Sitzen benützte ich immer nur ein und denselben Fauteuil, den sonst niemand berühren durfte.«

Erinnert das nicht an gewisse Sitten von Monarchen, religiöse Sitten, wo ein Platz nur von einer geheiligten Person berührt werden darf? Wenn da einer sagen würde, daß dieses Mädchen das aus archaischen Erlebnissen abgeleitet hat, so können wir nur sagen: jeder in der Enge seines Lebens kommt auf dieselben blöden Gedanken.

»Auch eigenes Besteck und Geschirr hatte ich mir bereits ausgesucht, das überdies auf einem eigenen Platz stehen mußte, um vor Ansteckung durch die übrigen Möbel und Gegenstände sicher zu sein. Meine Sachen behütete ich streng. Wehe, wenn etwa die Mutter eine falsche Gabel auf meinen Teller legte!«

Sie sehen, wie Sie das bei jedem Neurotiker beobachten können, sie ist krank. Das bedeutet ein Gesetz für die übrigen. Die anderen beziehen die Gesetze ihres Lebens aus der Krankheit des Neurotikers. Das gibt ihm das Gefühl der Überlegenheit, auch wenn er es nicht weiß. Ich glaube nicht, daß das von irgendeinem übersehen werden kann, wenn er einmal darauf aufmerksam gemacht worden ist.

»Als einmal beim »Gründlich-Machen« mein Häferl mit der Zahnbürste versehentlich auf den Tisch gestellt wurde, fluchte und tobte ich, beschimpfte die Mutter in den ordinärsten Ausdrücken, bedrohte sie, drohte sie umzubringen — ich weiß nicht mehr, was ich alles in meiner Raserei getrieben habe.«

Es ist fast so, wie der Zorn der Götter, wenn einer ihre heiligsten Gesetze verletzen würde.

»Solche Auftritte ereigneten sich fast täglich. Danach be-

gannen die Eltern wegen mir zu streiten. Der Vater beschuldigte die Mutter, sie hätte nicht genug aufgepaßt und mich dadurch wieder aufgeregt. Zornig entgegnete sie, sie könne sich doch nicht alle meine Kaprizen merken, sie hätte noch an etwas anderes zu denken. Auch unsere Gehilfen zitterten vor mir.«

Ich weiß nicht, ob das ganz richtig ist, aber es genügt, wenn sie den Eindruck hat.

»Auf der Straße war ich ständig in der angstvollen Erwartung, Zerlöcherten zu begegnen. Bald bevölkerte sich mir die ganze Stadt mit Lupuskranken. Überall sah ich welche. Aus Furcht, im Dunkel an einen anzustoßen, wagte ich es am Abend nicht mehr forzugehen.«

Die Einschränkung geht immer weiter.

»Tags starrte ich allen Leuten ins Gesicht, und wenn einer so rasch vorüberteilte, daß ich nicht ausnehmen konnte, ob er eine Nase hätte oder nicht, rannte ich ihm nach und glotzte ihn an. Und immer wieder bildete ich mir ein, der hätte Lupus. Dann stürzte ich weinend nach Hause und klagte dem Vater: ›Ich hab schon wieder einen Lupuskranken gesehen!‹ Der Vater suchte mir meinen Wahn stets auszureden. Seinen klaren und ruhigen Darlegungen gelang das auch jedesmal bis zu einem gewissen Grad. Bloß er war es imstand, mich von Fall zu Fall zumindest etwas zu trösten.«

Dieses »von Fall zu Fall« ist ein wenig zu betrachten. Es ist soviel wie gar nichts. Sie kann es sich gestatten, sich vom Vater trösten zu lassen, um wieder anzufangen, das ist erlaubt. Ärzte werden es oft erleben, daß die Patienten sagen: »Wenn ich von Ihnen fortgehe, ist es ganz gut. Kaum bin ich weg, fängt es wieder an.« Manche werden glauben, es ist ein besonderer Zauber, der von ihnen ausgeht. Das darf sich der Patient gestatten, daß er dem Arzt ein Geschenk damit macht, daß er ihn in die Irre führt. Wir antworten darauf: »Dann sollten Sie den ganzen Tag dableiben!« Diese Faszination würde sehr rasch ein Ende haben.

»Ich wusch mich fortwährend mit Hypermangan, wodurch meine Hände eine entsetzliche Haut bekamen, hart wie Leder und ganz aufgesprungen.«

Das ist richtig. Bei Menschen mit Waschzwang wird man mit Erstaunen wahrnehmen: so schmutzige Hände gibt es in der ganzen Welt nicht.

»Meine Zähne waren schon braun vor lauter Ausspülen. Wenn mir eine Seife oder eine Bürste zu Boden fiel, benützte ich sie nicht mehr. Nicht um ein Königreich hätte ich etwas aufgehoben, was am Boden gelegen war. Auch die Mutter mußte sich in einem fort die Hände waschen. Besonders vor dem Kochen kontrollierte ich das genau. Unterließ

sie es einmal, rührte ich keinen Bissen an, und wenn ich noch so hungrig war. Der Zwang, den ich auf sie ausübte, erbitterte sie, und sie beklagte sich darüber beim Vater. Der bat sie, mir doch den Gefallen zu tun.«

Sie sehen, wie sich ihre Herrschaft immer mehr und mehr ausbreitet. Wer das nicht sieht, der sieht das Wichtigste nicht. Die ungeheuere Herrschaft ist das Wichtigste, freilich in beschränktem Kreis, aber — man tut was man kann.

»Gräßliche Schwierigkeiten bereiteten mir meine Schnürriemen. Kam einer an meine Sohlen oder dem Boden an, mußte ihn die Mutter augenblicklich herausziehen und einen neuen kaufen. Ich hatte schon eine ganze Sammlung infizierter Riemen in einer Lade. Auch Haareindreher, Seifen, Zahnbürstel, Zahnpasten hatte ich eine Menge aufgestapelt. Der Vater erwog bereits einen Arzt zu fragen. Vor den Leuten wurde mein Wahn geheim gehalten.«

Das ist so die Regel, daß die Eltern so lange sie können, das Leiden geheim halten, ohne dem Kind damit zu nützen. Andererseits, wenn sie es bekannt machen, ist es auch kein Vorteil. Man muß die richtige Methode finden, bei der allen geholfen werden kann.

»Als ich in einem Instrumentenbuch der Lina die Abbildung des sogenannten Lupuslöffels fand, schauderte mich. Ich wunderte mich auch, daß es für eine so entsetzliche Krankheit nur ein einziges Instrument gab.«

Sie sieht es als eine Felonie, eine Herabwürdigung eines Schreckpopanzes an, daß es nur ein einziges Instrument gibt.

»Die Lina erzählte mir, daß man Lupus nicht nur im Gesicht, sondern auch am Körper bekommen könne. Davor graute mir aber nicht so sehr, als wenn ich mir ein zerfressenes Gesicht vorstellte.«

Wer da schärfer zusieht, der weiß schon, warum. Ihr kommt es aufs Gesicht an. »Sie ist die Schönste im ganzen Land.« Daher die Überwertung des Gesichtslupus.

»Ununterbrochen mußte ich über den Lupus grübeln. Schauerliche Sachen fielen mir ein. Ich stellte mir z. B. vor, daß ein Lupuskranker einen mit Fingern berührt, nachdem er eben seine Wunden angegriffen oder darin gekratzt hat; oder daß ein Tropfen Eiter von ihm auf eine Münze übergeht, die man dann ahnunglos in die Hand nimmt — und dann reibt man sich womöglich ein Wimmerl — dann müsse man doch unbedingt Lupus kriegen!«

Sie versteht schon etwas von der Inokulation.

»Und besonders wenn ich mir vorstellte, daß ein Lupuskranker einen küßt, überkam mich eine gräßliche Angst.«

Dieses »Besonders« ist köstlich. Es ist eine der stärksten Bestätigungen für unsere Auffassung.

»Schließlich bildete ich mir sogar ein, daß schon die pure Vorstellung einer solchen Berührung Lupus hervorbringen könne, daß der bloße Gedanke daran soviel sei wie die Tat.«

Nun auch hier berührt sie sich mit den allermodernsten Theorien und Hypothesen. Gerade heute ist selbst in der Wissenschaft die Auffassung von der »Allmacht der Gedanken« sehr verbreitet.

»Wenn mir nun solche Einfälle kamen, geriet ich in furchtbare Aufregung, wusch mir schnell das Gesicht und lief zum Vater, um mir Trost zu holen. Ich mußte mich aber überwinden, diese Ideen laut werden zu lassen, suchte sie zuerst nur anzudeuten, zu umschreiben, sagte auch nie: ich hab mir jetzt vorgestellt, sondern: wenn eine sich vorstellt usw. Ich dachte mir auch oft, — wir wohnten ja ebenerdig — wie leicht kann bei uns wer in der Nacht einsteigen — und es könnte obendrein ein Lupuskranker sein!«

Zwei Übel auf einmal.

»Solche Kranke, sagte ich mir, müßten doch stets in größter Not sein, sie werden ja von den anderen Menschen gemieden!«

Auch hier können wir ein bißchen nachdenken, was da zutiefst darin steckt. Der eine könnte sagen: folglich müßte man ihnen helfen. Wer das sagt, ist auf der nützlichen Seite. Sie macht eine andere Fortsetzung: man muß achtgeben auf diese lumpigen Kerle. Sie sehen, wenn zwei die gleichen Eindrücke haben, die gleichen Erlebnisse, so hat es verschiedene Folgen, je nachdem ihr Ziel gerichtet ist.

»Die Vorstellung eines lupuskranken Einbrechers schreckte mich tödlich. Dann erinnerte ich mich an eine Geschichte, die ich irgendwo gelesen oder irgend einmal gehört hatte, wie Gott einen Frommen mit einem Aussätzigen — darunter verstand ich einen Lupuskranken — auf die Probe stellt. Der Aussätzige entpuppte sich aber als Gott selbst. Und ich sagte mir: ›Auch wenn Gott selbst als ein Lupuskranker zu mir käme, würde ich ihn nicht aufnehmen, ja nicht einmal berühren — oder sollte ich da doch eine Ausnahme machen.‹«

»Beim Durchlesen ist mir jetzt folgendes eingefallen: Wir machten einmal einen Ausflug mit der Tramway. Ich glaube in die Lobau. Das war, glaub ich, in der dritten Volksschulklasse. Bei der Rückfahrt kamen wir am neuen Lupusheim vorbei — jetzt weiß ich allerdings nicht, ob es hierorts zwei Lupusheime gab oder gibt. Ich werde mich danach erkundigen. Und auf einmal les ich in großen Lettern: Heilstätte für Lupuskranke. Dabei hatte ich eine trübselige Empfindung. Ich muß schon gewußt haben, was Lupus ist. An der

Umsteigstelle war eine Milchtrinkhalle. Der Altgast war in unserer Gesellschaft. Der Vater kaufte uns warme Milch. Auch ich trank ein Glas. Da ich aber noch immer das Lupusheim vor Augen hatte, ekelte mich davor. Ganz entfernt hatte ich schon das Gefühl, als hätte ein Lupuskranker aus meinem Glas getrunken.«

Das ist eine alte Erinnerung. Wir können nicht sagen: älteste Erinnerung. Was soll man aus ihr schließen? Nicht mehr und nicht weniger, als daß sie nun bestrebt ist, diese Lupusphobie zu stützen. Sie sucht so lange, bis sie neuerlich Stützen gefunden hat. »Sie ist vorbeigefahren und hat Milch getrunken.« Das werden sie sehr oft finden in der Psychologie von Nervösen, wie sie aus ihrem früheren Leben Stützen suchen.

»Inzwischen hatten sich unsere Verhältnisse wieder verschlechtert. Viele Kunden des Vaters waren eingerückt, einige darunter, ohne ihre Schulden zu bezahlen. Wir konnten kaum mehr den verhältnismäßig hohen Zins erschwingen. Wir benützten daher die erstbeste Gelegenheit und zogen abermals ein paar Häuser weiter, diesmal in die C.-Gasse, in ein altes Häuschen. Unsere neue Wohnung war zugleich billiger und geräumiger als die frühere und lag überdies im ersten Stock. Bis dahin hatte ich zwischen den Eltern geschlafen. Nun bekam ich mit der Lina zusammen das Kabinett und zum erstenmal ein Bett für mich allein. Die Lina schlief auf dem Diwan.«

Wir sind schon so weit in der Charakteristik dieses Mädchens, daß wir kühn erwarten können, was folgt. Sie wird nicht allein dort liegen wollen, sie läßt sich aus der angenehmen Situation nicht verdrängen, aus gar keiner, auch nicht aus der. Sie hat diesen Punkt schon oft berührt. Sie will damit ausdrücken: ich bin der Mittelpunkt. Es war die räumliche Darstellung für ihren seelischen Aufbau.

»So schnell wollte ich mich aber aus dem langgewohnten Ehebett nicht hinausbugsieren lassen. Einige Zeit blieb ich noch — als Übergang — neben der Mutter liegen. Dann erst verstand ich mich dazu, mich mit der Neuerung zu befreunden. Allmählich schwand nun der Lupuswahn, der mich über ein Jahr geplagt hatte.«

Was das mit dem Alleinliegen zu tun hat, ist nicht ganz klar. Es könnte sein, daß zwischen beiden eine Verwandtschaft besteht. Wir haben bis jetzt angenommen, daß der Lupuswahn sich gegen jede Beziehung zu Männern richtet, daß das Liebesproblem sie schreckt, sie mit derartigen Bewegungen erfüllt, in denen wir sie herumzappeln sehen. Sie schläft allein, sie betont, der Lupuswahn schwinde. Vielleicht hat sie folgende Erleichterung: man kann auch allein bleiben! Ich weiß nicht, ob wir eine Bestätigung finden. Ich will diesen Weg tastend gehen, abwarten, ob ich eine Bestätigung finde.

»Nachts allein zu liegen, hielt ich nicht lange aus. Auch wackelte mein Bett, und ich fürchtete, der Aufsatz könne auf mich purzeln und mir die Zähne einschlagen oder mir die Nase zerquetschen.«

Wieder ein Schönheitsfehler!

»Auf die war ich gleichfalls sehr heikel – wenn die Lina mir einen Kuß gab, bildete ich mir oft ein, sie hätte sie mir verbogen. Dann machte mich das Ticken eines Holzwurmes nervös. Und jeden zweiten Tag hatte meine Schwester Nachtdienst – da war mir erst recht einsam.«

Die Schwester kommt ihr sehr gelegen. Wir sehen, wie diese Neigung, sich vom Mann zurückzuziehen, die Person der Schwester näher rückt. Schon früher, beim Übergang zum Alleinschlafen, hat sie gewählt, neben der Mutter zu liegen. Wir werden verfolgen, ob das nicht die Rettung aus der Wirrnis der Erotik, ob nicht die Ablehnung des Mannes und Zuwendung zur Frau im Werden ist.

»Ich bat also die Mutter, sich in mein Bett zu legen und legte mich in das ihre.«

Das würde unsere Kombination über den Haufen stoßen, wenn wir mit anderen im Vater den Mann sehen würden. Der Vater ist hier sicher asexuell, wir wissen nicht, warum sie diese Transaktionen vornimmt.

»Damals hatte ich die Gewohnheit, vor dem Zubettgehen die Strümpfe, dann die Bandeln, die ich als Strumpfbänder benützte, über die Bettlehne des Vaters aufzuhängen, meine Haareindreher darauf anzuhäufen, mein Taghemd, meinen Unterrock und meine Unterhosen auf seiner Decke auszubreiten und meine Schuhe unter sein Bett zu stellen. Mein Kleid aber, meine gestrickte Jacke, meinen Mantel und meinen Hut legte ich sorgfältig übereinander auf den Tisch. Dies alles durfte mir niemand anrühren, sonst wäre ich wild geworden. Und einmal in der Nacht, ich war noch wach, merk ich plötzlich, daß sich der Vater im Schlaf fortwährend ins Gesicht schlägt. Ich erschrak, dachte schon, er sei verrückt geworden. Da öffnete er die Augen und fragte: ›Was kitzelt mich denn auf der Nase?‹ Und jetzt erst sah ich, daß es meine Bänder waren.«

»Auch im Bett der Mutter ließ mir die Angst vor dem Aufsatz keine Ruhe. Es blieb mir nichts übrig, als ihn jeden Abend herunterzunehmen. Bald aber tauchte ein neues Schreckgespenst auf. Über dem Nachtkästchen, das zwischen den Betten der Eltern stand, . . .«

Die Betten sind getrennt. Sie spielt die Rolle der Mutter, da sie ihr Bett benützt, aber getrennt vom Vater schläft.

»... hing ein Heiligenbild, und zwar etwas mehr auf meiner Seite. Auf das richtete sich nun meine Angst. Ich bildete mir ein, es könnte auf mich herabstürzen. Es entfernen zu lassen, scheute ich mich aus Aberglauben. Und so wanderte ich ins Kabinett zurück.«

Es ist also doch wohl, wenn man die Situation dieses Mädchens betrachtet, die Art von verzärtelten Kindern, die sich schwer von der altgewohnten Stelle fortbewegen.

»Hier fiel ich einmal mitten in der Nacht mit großem Gepolter durch. Jetzt war mir mein Bett erst recht unleidlich und ich legte mich zur Mutter, die inzwischen ihren ursprünglichen Platz im Zimmer wieder eingenommen hatte. Um aber vor dem Heiligenbild sicher zu sein, rückte ich ans äußerste Ende des Bettes. Angenehm war diese Lage gerade nicht. Auch fühlte ich mich noch immer nicht geschützt genug – ich erhob mich oft, wenn alle anderen schon schliefen, stellte mich im Nachthemd irgendwo hin und überlegte, wie ich die Bettsorge loswerden könnte. Eines Nachts stand ich gerade im Kabinett beim Kopf der Lina und grübelte wieder. Dabei muß ich unwillkürlich ein Geräusch gemacht haben – kurzum, die Lina fuhr plötzlich wie eine Wahnsinnige in die Höhe und begann jämmerlich zu schreien. Sie glaubte, ein Gespenst vor sich zu haben. Geschwind schlich ich in mein Bett zurück ... Das drohende Bild an der Wand vertrieb mir den Schlaf. Ich versuchte es deshalb, mich mit dem Kopf zu den Beinen der Mutter zu legen. Das war aber noch unbequemer als bisher. Wir stießen einander mit den Füßen ins Gesicht. Da übersiedelte der Vater in mein leerstehendes Bett ins Kabinett und überließ mir das seine. Aber auch im Bett des Vaters war mir nicht recht geheuer. Ich weiß nicht, woher mir der Gedanke kam, ich würde da kein Glück haben.«

Das dürfte mit der Vorstellung übereinstimmen, daß wenn sie sich dem Mann nähert, sie kaum eine siegreiche Position gewinnen könnte.

»Nun wurde folgende Anordnung getroffen: der Vater kehrte in sein Bett zurück, die Lina ging in mein Bett und ich auf ihren Diwan. Der war mir aber viel zu kurz. Ich war bedeutend größer als meine Schwester, hatte sehr lange Beine. Meine Füße hingen ein Stück über den Rand des Diwans hinaus. Ich mußte sie mit einer Decke umwickeln. Da fiel es der Mutter ein, mir das Bett auf dem Schneidertisch in der Küche zu richten. Der war mir aber wieder zu hart und vom Fenster daneben zog es herein.«

Wir sehen, dieses Kind hat viel Schwierigkeiten im Bett.

»Jetzt wurde beschlossen, ich solle es einmal beim Vater probieren. Da ich mich aber aus Furcht vor dem Heiligen-

bild wieder mit dem Kopf nach abwärts legte, ergaben sich dieselben Schwierigkeiten wie früher bei der Mutter. Schließlich ließ der Vater einen Tischler kommen. Der mußte vor meinen Augen mein Bett gründlich reparieren. Dann legte ich mich hinein, und zwar verkehrt, und dabei blieb es.«

Sie erinnern sich, wir haben oft gesprochen von der Lage im Bett. Wenn sie sich verkehrt ins Bett legt, so bedeutet es Opposition. Es heißt nicht mehr, obwohl bei einem solchen Menschen auch in erotischer Beziehung oppositionelle Stellung möglich ist.

»Nachdem ich die Bürgerschule beendet hatte, wünschte der Vater, ich sollte die Schneiderei erlernen.«

Wir sind kaum der Ansicht, daß sie sich der Schneiderei zuwenden wird, das ist ein untergeordnetes Gewerbe.

»Dazu aber hatte ich gar keine Lust. Ich wollte wie die Olga, die mir in allem maßgebend war, in eine Handelsschule eintreten. Damit war wieder der Vater nicht einverstanden. Er gab mir auch zu bedenken, was das kosten würde. Er hätte es sogar vorgezogen, mich im Klavierspiel ausbilden zu lassen und sprach von einem Freiplatz im Konservatorium. Darauf entgegnete ich: ›Und dann bin ich erst eine tepperte Klavierlehrerin!‹ Zuletzt kam es weder zu dem einen noch zum andern und ich blieb zu Haus.«

Das ist der richtige Platz.

»Erst im nächsten Herbst wurde ich in einem einjährigen Handelskurs eingeschrieben. Ich war aber die einzige in der ganzen Klasse, die das Schulgeld monatlich bezahlte. Meine Kolleginnen waren bis auf zwei, drei lauter Mädchen aus wohlhabenden Häusern. Ich fühlte mich aber in ihrer Gesellschaft sehr wohl. Ich befreundete mich gerade mit den hübschesten und feinsten und wurde von ihnen eingeladen. Da ich sie aber nicht zurück einladen konnte, — ich hatte wieder einmal alle möglichen Lügen über unsere Verhältnisse aufgetischt — wurden unsere Freundschaften nie so intim wie z. B. die mit der Olga. Zu der konnte ich ja auch von Dingen reden, über die jene Vornehmen sich entsetzt hätten. Obwohl mir die sittsamen Gespräche ein Greuel waren, ließ ich sie immer wieder über mich ergehen. Ich setzte meinen Ehrgeiz darin, diese Bekanntschaft aufrecht zu erhalten . . . Ich erinnere mich jetzt einer mir sehr unangenehmen Episode. In der Schule wurde Kriegsanleihe gezeichnet. Dies geschah so, daß der Klassenvorstand uns nach dem Alphabet aufrief, und an jede einzelne unter Hinweis auf den Beruf des Vaters die Frage richtete, welchen Betrag sie beisteuern wolle. Fast alle Mädchen hatten von zu Haus aus die Einwilligung dazu erhalten und nannten, je

nachdem, eine größere oder kleinere Summe. Indessen saß ich wie auf Nadeln da. Nicht nur, daß der Vater nicht einen roten Heller für die weitere Kriegsrüstung erübrigte — wir waren froh, wenn wir von Zeit zu Zeit einen überzähligen Laib Brot ergatterten — es mußte nun vor versammelter Klasse herauskommen, daß er Schneidermeister war. Langsam nahte das Verhängnis. Als die Reihe an mich kam, erhob ich mich mit hochrotem Kopf. Der Professor wirft einen Blick auf das Blatt vor sich und sagt: ›Ihr Vater ist Schneidermeister — die verdienen doch jetzt sehr viel!‹ Ich weiß nicht mehr, was ich zur Antwort stammelte ... Ich lernte damals im allgemeinen recht gut, nur im Rechnen und in Handels- und Wechselkunde war ich sehr schwach. Am Morgen vor der Rechenschularbeit sagte ich immer zum Vater: ›Mir ist so schlecht, ich kann kaum stehen ...‹«

Das ist eine häufige Erscheinung. Wenn ein Kind das häufig übt, automatisiert sich das so sehr, daß es sich übel befindet, wenn es nur vom Rechnen hört. Man sieht es auch in einer anderen Situation, wo man es sich kaum erklären könnte, z. B. ein Lehrer bekam einen Angstanfall in der Nähe des Rathauses. Ich weiß nicht, ob man, wenn man eine andere Linie verfolgt, weiß, warum das Rathaus schuld ist. Weil man sich dort beim Physikat melden muß. Oder er war in einer Gesellschaft, wo er sich wohl befand, und wurde dort gefragt, wann er zur Schule gehen würde. Fünf Minuten später hatte er einen Angstanfall. Das wird nur klar, wenn man darüber spricht, wenn man heranzieht, was bei der Gelegenheit vorgegangen ist. Es ist ja auch eine Wiener Redensart: »Wenn ich nur etwas davon höre, wird mir übel.«

— »und legte mich ins Bett zurück. Tags darauf ging ich wieder in die Schule. Zuletzt wußte der Rechenprofessor schon, wieviel es geschlagen hatte und pelzte mir auch in meiner Abwesenheit einen Fünfer auf. Einmal war ich mit einem Professor frech und bekam eine schlechte Sittennote. Bei solchen Gelegenheiten wurde einem ein sogenannter Auszug zum Unterschreiben mitgegeben. Obwohl ich gar keinen Anlaß hatte, mich vor dem Vater zu fürchten, beschloß ich, seine Unterschrift auf den Wisch darauf zu kriegen, ohne daß er wüßte, worum es sich handelte. Dabei ging ich so vor: Ich nahm ein weißes Blatt, bedeckte es bis auf einen schmalen Streifen mit rotem Fließpapier, lief damit zum Vater und bat ihn, seinen Namen hineinzuschreiben. Er wollte sich natürlich erst davon überzeugen, was unter dem Löschpapier war. Ich zog es weg, und siehe: es kam nichts anderes zum Vorschein als ein leeres Blatt. Verblüfft fragte er, was das bedeuten solle. Ich lächelte bloß.

Und der Vater, der wohl meinte, es sei wieder eine meiner Schrullen, unterschrieb kopfschüttelnd.«

Für sie ist der Kampf mit dem Lehrer nahezu ein Vergnügen, sie versucht es, ihm über den Kopf zu wachsen und auf diese Weise gelingt es.

»Nach einer Weile machte ich es nochmals so; und wieder ließ sich der Vater erst das verdeckte Papier zeigen: beim dritten Mal aber unterschrieb er, ohne vorher nachgeschaut zu haben. Diesmal war es aber bereits der Auszug mit dem Sittenzweier ... Von zwei bis sechs war Unterricht. Vormittags lernte ich — eigentlich aber nur, wenn eine Prüfung bevorstand. Da heizte die Mutter den kleinen Eisenofen im Kabinett. Draußen arbeitete der Vater mit den Gehilfen. Bis spät in die Nacht hinein wurde gearbeitet. Tagsüber kamen und gingen die Kunden. Nie waren wir unter uns, nie ungestört. Auch für Sonntagvormittag bestellte der Vater die Gehilfen, und sogar am Sonntagnachmittag kamen Leute probieren. Der Mutter, der Lina und mir war dieser Zustand fürchterlich. Wir redeten dem Vater zu, er möge es doch machen wie andere Schneider, bestimmte Stunden arbeiten und sich dann Ruhe gönnen. Darüber war mit ihm nicht zu sprechen. Er hielt uns immer vor: ›Ihr haßt die Schneiderei! Doch ohne meine Arbeit hättet Ihr nichts zu essen!‹ Zu essen hatten wir zwar gerade noch — sonst aber fehlte es — trotz des ununterbrochenen Rackerns — an allem. Wir kamen aus der Geldverlegenheit gar nicht heraus. Dem Vater war es allmählich zur Manie geworden, ungewöhnlich billig, fast zum Selbstkostenpreis zu liefern. Das Nähen war seine Leidenschaft, schöne Anzüge zu bauen, seine Freude, die Kunden zu befriedigen, sein Ehrgeiz und sein Stolz. Wenn auch so viel zu tun war, daß die Gehilfen Überstunden machen mußten, blieb oft am Ende der Woche nicht einmal genug übrig, um ihnen den Lohn auszuzahlen. Die Lina, obwohl nur auf ihren Gehalt angewiesen, mußte immer helfen. Ein Verwandter wollte dem Vater die Bücher führen, ihm sogar zu einem offenen Geschäft verhelfen, wo er bloß zuzuschneiden und zu probieren gebraucht hätte. Er hatte aber keinen Unternehmungsgeist mehr, wäre auch nicht von der Näherei abzubringen gewesen.«

Das hängt mit dem Automatismus zusammen, der sich im Alter in starrer Weise äußert. Ich muß gestehen, ich würde es auch nicht versuchen, einen so automatisch arbeitenden Menschen von der Arbeit loszulösen, ich würde einem alternden Professor nicht sagen, er soll aufhören, weil, wenn die Automatisierung aufhört, er das Leben schwerer und drückender empfindet. Es scheint hier auch so etwas vorzuliegen.

»Die Versessenheit des Vaters, seine Arbeit förmlich zu

verschenken, führte bei uns zu fürchterlichen Auftritten. Von der Lina unterstützt, überschüttete die Mutter den Vater mit Vorwürfen, schimpfte, schrie, das sei kein Leben, er richte uns alle zugrunde, fragte wütend, was er sich denn vorstelle, was einmal mit dem Kind sein werde. – Der Vater, der zuerst mit entsprechenden Antworten nie sparte, verstummte stets, sobald die Rede auf mich kam, ging ins Kabinett und raufte sich die Haare aus ...«

»Beim Tischabstauben warf ich einmal unvorsichtigerweise meinen Taschenspiegel hinunter. Als ich ihn aufhob, sah ich, daß er ein paar Sprünge hatte. Zu dumm, dachte ich mir, jetzt werd' ich sieben Jahre kein Glück haben.«

Auch hier möchte ich darauf hinweisen, daß wir bei Nervösen stets Aberglauben finden. Das ist begreiflich, da jeder, der nicht an sich glaubt, an etwas anderes glaubt, was immer es ist.

»An dem Tag war ich ein wenig bedrückt. Ich lief zur Olga und fragte sie, ob sie schon jemals einen Spiegel zerschlagen hätte. Sie konnte sich nicht daran erinnern. Ich nahm mir nun vor, sie bei Gelegenheit dazu zu bewegen, gleichfalls einen Spiegel zu zerschlagen, damit auch sie sieben Jahre kein Glück hätte.«

Sie sehen, immer wieder die Gleichmacherei, sie strebt nach Parität, ein anderer soll es nicht besser haben.

»Einige Zeit darauf ärgerte sich die Lina über irgend etwas und zerbrach im Zorn ihren Spiegel. Vorsichtig näherte ich mich den Scherben, betrachtete sie und konnte mich gar nicht darüber beruhigen, daß meine Schwester einen Spiegel zerhaut hatte, wo sie doch wissen mußte, daß man dann sieben Jahre kein Glück hätte ... In der Garderobe der Handelsschule ließ ein Mädel, das sich hinter mir auszog, ihren Taschenspiegel fallen und rief Hetz halber: ›Uh jeh, jetzt hast du meinen Spiegel zerschlagen!‹ Ich erschrak. Sie beruhigte mich und versicherte mir, sie selber sei es gewesen, nicht ich. Voller Angst fragte ich sie, ob sie das auch bestimmt sagen könne. Sie beschwor es mir. Jetzt glaubte ich ihr, zumal ich ja kaum an ihr angestreift war; und als ich sie so ansah, dachte ich: ob die einen Spiegel zerbrochen hat oder nicht, das bleibt sich gleich. Die ist ja nicht hübsch, die wird auch so kein Glück haben!«

Da haben Sie nun einen weiteren Beleg für unsere Auffassung, daß sich bei ihr alles darum dreht, ob sie hübsch genug ist, die Erste zu sein im Leben.

»Ich erinnere mich übrigens,«

Sie sammelt schon wieder Erinnerungen.

»daß mir einmal, schon als kleines Kind, ein Spiegel Schrekken einjagte. Ich kam damals an einem Glasgeschäft vorbei

und blickte in einen der ausgestellten Spiegel. Da starrte mir mein gräßlich aufgeschwollenes Gesicht entgegen.«

Wieder das aufgeschwollene Gesicht!

»Ich prallte zurück, konnte aber nicht widerstehen, nochmals hinzuschauen. Und daneben hing ein anderer Spiegel, der mein Gesicht unheimlich verlängerte. Der Vater erklärte mir dann, es seien Zerrspiegel . . . An unserer Petroleumlampe war ein Spiegel angebracht, damit das Licht heller leuchte. Dieser Spiegel, der mich, wie mir gerade einfällt, schon zur Zeit meiner Augenangst irritiert hatte, begann mir nun schrecklich auf die Nerven zu gehen. Ich wollte die Lampe nie angreifen. Oft, wenn ein Kunde zum Vater kam, hätte ich sie aus der Küche ins Zimmer tragen sollen, aber wenn auch fünfzig Kunden draußen gewartet hätten, hätte ich sie nicht angerührt. Ich fürchtete, der Spiegel könnte infolge der Hitze der Petroleumflamme springen und das sich daraus ergebende Unglück käme über mich, wenn ich dabei zufällig in der Nähe wäre. — Ich ließ nun die anderen bei der Lampe sitzen und setzte mich abseits. Als es mir aber einfiel, daß es ja gleichgültig sei, ob das Springen des Spiegels auf die Eltern und die Lina oder auf mich ausginge, denn ihr Pech sei ja auch mein Pech — drang ich so lang in den Vater, bis er den Spiegel von der Lampe herabnahm. Jetzt hatte ich wieder die Sorge, was weiter mit ihm geschehen würde. Die Mutter wollte ihn auf den Mist werfen. Dem widersetzte ich mich. Ich hatte Angst, er könnte da zerbrechen. Nun schlug sie vor, ihn herzuschenken. Das war mir aber auch nicht recht. Ich bildete mir ein, auch das bedeute vielleicht ein Unglück. Schließlich wurde er in unserer Rumpelkammer in einer Holzkiste verstaut.«

Sie sehen, mit welcher Emsigkeit sie allen Möglichkeiten aus dem Weg zu gehen trachtet, ein Unglück zu haben. Sie sehen, mit welcher übertriebenen Vorsicht an unrichtiger Stelle die Idee webt und lebt, man könnte das Schicksal irgendwie zwingen. In dieser armseligen Phobie ist der Gottähnlichkeitsgedanke enthalten. Was muß ich tun, um das Schicksal zu zwingen.

XI. Kapitel

»Der Vater hatte ein Nähkörbchen aus geflochtenem Stroh, worin unter anderem ein paar Taschenspiegel waren. Aus Furcht, die zu zerbrechen, mußte ich stets darauf achten, mit dem Körbchen nicht in Berührung zu kommen. Da entschloß sich der Vater, die Spiegel dem Mann zu verkaufen, der uns die Tuchabfälle abnahm.«

Der Kreis ihrer Aufmerksamkeit umschließt immer mehr alle Spiegel in ihrer Umgebung. Eine solche *Präokkupation* ist wichtig und bedeutsam für die Struktur jeder Neurose. Besonders auffällig wird sie in der Zwangsneurose. Was bei dieser Gelegenheit geschieht, ist dem individualpsychologischen Blick leicht zugänglich. Alle andern *sozialen* Aufgaben des Lebens rücken in den Hintergrund. Der Patient hat sich von seinen ihm aufgegebenen Pflichten freigemacht. Er verwendet alle Zeit darauf, sich unnützlich zu beschäftigen, um nicht in der Lösung seiner Lebensfragen auf der nützlichen (allgemein nützlichen) Seite des Lebens eine Niederlage zu erleiden.

Wir wissen bereits, daß dieses so außerordentlich verzärtelte Mädchen ein Ziel der Überlegenheit anstrebt, mehr sein will, als alle andern. Wir haben gesehen, wie ihr dies innerhalb ihrer Familie gelungen ist. Nun, bei vorschreitendem Alter läuft ihr Weg näher zur Gemeinschaft außerhalb der Familie. Dies ist die gegenwärtige Situation. Ihr Erfolg ist ihr durchaus ungewiß. Wie alle verzärtelten Kinder sträubt sie sich ganz allgemein gegen neue Situationen und dies um so mehr, je weniger sie ihres Erfolges sicher ist. Dabei wird ihr Streben deutlicher, innerhalb der alten Situation zu bleiben und dort ihr Ziel der Überlegenheit zu erreichen. Dies gelingt leicht durch die Neurose, deren Intensität diesem Zwecke entsprechend gesteigert werden kann. Insbesondere der Vater, aber auch die anderen Familienmitglieder geraten in den Wirbel ihrer Zwangsideen und geben ihr den vollen Eindruck ihrer Überlegenheit im Hause.

Auch die Auswahl des Spiegels wird nun klar. Das Mädchen sucht seine Aufgabe darin, in der nun kommenden Phase ihres Lebens, sowie zuvor, die Erste zu sein, näher der Front, in einem erweiterten Kreis. — Fragen der Liebe, der Ehe rücken näher. »Werde ich auch in der Beziehung zu Männern die anderen Mädchen ausstechen, die Männer unter meine Gewalt bringen?« Der Spiegel rückt in den Brennpunkt ihres Interesses, wohl auch gefördert durch ihr visuelles Training. Gelegentlich wird über schwache Augen geklagt. Allen Kindern mit mehr oder weniger geringen Augenfehlern liegt anfangs nahe, ihr Interesse für die sehbaren Objekte zu verstärken, um doch über ihre Schwierigkeiten zu siegen. Dabei lernen sie Farben, Linien, Schatten, die Perspektive genauer kennen und behalten dieses visuelle Interesse wohl durch ihr ganzes Leben.

Sie ist aber unsicher geworden wie fast immer verzärtelte Kinder vor einer neuen Situation. Ihr Hang geht dahin, die Frage der Liebe, der Sexualität in der Weise zu lösen, wie sie bisher alle ihre Fragen zu lösen versuchte: die Erste zu sein. Liebe, Ehe sind jedoch soziale Probleme. Ihre Lösung erfordert Interesse für die andern. In ihrer Urform aber, wie immer bei verzärtelten Kindern, fehlt dieses Interesse für andere fast ganz. Sie will die andern beherrschen, unter ihren Willen zwingen. Ob ihr dies auch in der Liebe gelingen könnte? Aus der Ehe ihrer Eltern, wohl aus ihrer ganzen Umgebung empfängt sie nicht den Eindruck von der unbeschränkten Sieghaftigkeit der Frau. Die Liebe wird für ihre Herrschsucht ein gefährliches Problem, und sie ist sich der Lösung zu ihren Gunsten, aus eigener Kraft durchaus nicht sicher. Jetzt beginnt sie in diesem verstärkten Gefühl der Unsicherheit die Verantwortung von ihrer Persönlichkeit abzuschütteln. Ihr Schicksal hängt nach wie vor, wie sie meint, am Spiegel. *Wenn nun der Spiegel bricht?*

Ein weit verbreiteter Aberglaube spielt mit demselben Rettungsversuch, glückliche Liebe und Ehe davon abhängig zu machen, ob man einen Spiegel zerbrochen hat. Ein fremder tückischer Zauber hat die Entscheidung zu treffen. Nicht mehr der Zauber der eigenen Persönlichkeit. Ist sie nicht die Erste im Wettbewerb der Liebe, dann ist der zerbrochene Spiegel schuld, und ihre Überlegenheit ist nicht angetastet. Wer einen Spiegel zerbricht, kann sieben Jahre nicht heiraten, so oder ähnlich lautet der Aberglaube. Da wäre sie nun der Entscheidung enthoben, ob sie »die Erste im ganzen Land« ist; könnte aber weiter daran glauben. Wie alle verzärtelten Kinder sucht sie einen erleichterten Weg für ihren Endsieg.

Zwei allgemeine Bemerkungen mögen hier ihren Platz finden. In unheilvoller Verblendung, wie sie nur die Wut fertig bringt, haben einige wenige meiner Kritiker vermeint, ich hätte die Sexualität, die Liebe aus meiner psychologischen Anschauung gestrichen. Man möge mir gestatten darauf hinzuweisen, daß hier wie in allen Fällen von Neurose und

Psychose, ebenso in den Perversionen, nicht Liebe im common sense zu finden ist, sondern, weil nicht dem Gemeinschaftsgefühl zugehörig, Sexualtrieb im Dienst des Machtstrebens auf der allgemein unnützlichen Seite des Lebens. Beide sind aus dem Bezugskreis des allgemein nützlichen in den neurotischen Bezugskreis geraten, sind nicht mehr Anteil an der Allmenschlichkeit (Wohlfahrt des andern, Fortpflanzung des Menschengeschlechts), sondern Teil der persönlichen Überheblichkeit.

Zweitens möchte ich hervorheben, daß diese üble Verwendung des Liebeslebens allenthalben auf Schwierigkeiten stößt. Da Liebe und Ehe eine Aufgabe für zwei Personen ist, hat sie in ihren Gesetzmäßigkeiten keinen Platz für die Überhebung des einen Teils. Auch fällt die Antwort des Partners schlecht aus, nach der ungeeigneten Ansprache des Neurotikers. Vor allem aber fühlt sich der Neurotiker immer schlecht, wenn sein dürftiges Gemeinschaftsgefühl gefordert wird, wie dies bei allen Problemen des Lebens der Fall ist, da alle Lebensfragen (Ankunft anderer Kinder, Schule, Freundschaft, Interesse an der Menschheit, politischer Standpunkt, Beruf, Liebe, Ehe) soziale Probleme bedeuten. Deshalb wird man immer anläßlich des Liebesproblems in der Bewegung des Neurotikers die zögernde Attitüde, das Haltmachen, Davonlaufen oder den anfänglichen heftigen Ansturm gefolgt von einem raschen Ende wahrnehmen können. Seelisch angesehen ist diese Schilderung klar genug, im Körperlichen findet man als Ausdruck Impotenz, Vaginismus, Frigidität, Perversion, Ejaculatio praecox usw. Das Spiel mit dem Spiegelzauber zeigt uns die zögernde Attitüde des Mädchens. Bricht ein Spiegel, dann trägt dies Ereignis die Schuld, falls sie nicht siegreich ist, und ihre Überheblichkeit ist gerettet. Gedanken an Selbstmord tauchen auf. Der Tod erscheint als Erlösung, als letzter Trost der Verzweifelnden.

»In der Auslage des Zuckerlgeschäfts, das der Mutter der Tilde gehörte, befanden sich mehrere Spiegel. Bis dahin hatte ich gar nicht darauf geachtet. Eines Tages nun bildete ich mir beim Zumachen der Geschäftstür plötzlich ein, einen Spiegel zusammengeschlagen zu haben, und geriet in fürchterliche Unruhe. Die Tilde untersuchte alle Auslagenspiegel genau und leistete einen Eid, es sei nirgends ein Sprung zu entdecken. Ich glaubte ihr aber nicht und war den ganzen Tag über so unglücklich, daß ich mir am liebsten etwas angetan hätte. Ich sagte mir: sieben Jahre Pech hab ich sowieso — jetzt noch sieben dazu, das macht vierzehn: da komm ich überhaupt zu keinem Glück mehr in meinem Leben, da ist es besser, ich stirb gleich.«

»Am nächsten Tag beruhigte ich mich zwar wieder, nahm

aber seitdem, wenn ich zur Tilde ging, die Lina zum Öffnen und Schließen der Geschäftstür mit.«

»Kam ich auf der Straße oder in der Elektrischen an einer Frau mit einem Handtäschchen an, fuhr jedesmal wie ein Blitz die angstvolle Einbildung in mich, ich hätte ihren Taschenspiegel zerschlagen und mir dadurch wieder sieben Jahre Pech aufgehalst. Oft verfolgte ich eine solche Handtäschchenfrau und hätte sie am liebsten gefragt, ob sie wirklich einen Spiegel bei sich habe, und wenn ja, ob er noch ganz sei. Ich wagte es aber nie.«

Solange die Frage ungeklärt bleibt, solange bleibt die Möglichkeit offen, daß ein Spiegel zerschlagen wird. Deshalb darf sie nicht wagen, zu fragen.

»Beim Frisieren mußte ich aber selbst einen Spiegel benützen. Ich hatte einen viereckigen Handspiegel, den ich immer nur mit der größten Vorsicht anfaßte. Zuweilen bildete ich mir ein, ihn zu heftig auf den Tisch gestellt zu haben, und zugleich war mir, als hörte ich einen Krach. Dann lief ich mit ihm voller Angst zu den Eltern oder zur Lina — die mußten ihn gründlich besichtigen. Doch wenn sie auch hoch und teuer schworen, daß kein Sprung, auch nicht der geringste Ritzer zu sehen sei — ich glaubte ihnen nicht, und meinen eigenen Augen traute ich erst recht nicht. Ich verbohrte mich in dem Gedanken, es sei vielleicht doch ein Sprung darin, den man bloß mit freiem Aug nicht ausnehmen könne.«

»Um nun zu erproben, ob er dadurch wirklich springen würde, stellte ich den Spiegel neuerdings, und zwar möglichst behutsam, auf den Tisch. Und sofort bildete ich mir wieder ein, ihn dabei zerschlagen zu haben. Und je länger ich so herummanipulierte, um so stärker befestigte sich dieser Wahn in mir, um so aufgeregter wurde ich. Zuletzt tobte ich schon.«

»Einmal ging ich auf der Straße an Spiegelscherben vorbei. Die Einbildung, mit dem Fuß daran angestreift zu sein, wuchs im Nu zur Überzeugung an, ich sei daraufgetreten. Weinend rannte ich nach Hause und klagte dem Vater: ›Mir ist etwas Furchtbares passiert!!‹

»Erschrocken fragte er, was denn vorgefallen sei. Erst wollte ich gar nicht mit der Sprache herausrücken. Bloß davon zu sprechen erschien mir schon ungeheuerlich. Ich war so niedergeschmettert, als hätte ich eben mein Todesurteil vernommen. Auf vieles Zureden hin erzählte ich mein Erlebnis.«

Die Spiegelgeschichte kann gar nicht genug aufgebauscht werden. Häufiges Vorkommnis in der Neurose, um nur ja damit den Zweck zu erreichen.

»Da lachte der Vater und meinte, daß ja, meiner eigenen Darstellung nach, nicht ich, sondern wer anderer den Spiegel zerbrochen hätte. Ich hätte es doch nur mit den Scherben zu tun gehabt, was gewiß nichts Schlechtes bedeute. Ich war aber diesmal nicht zu trösten. Ich holte die Lina ab, führte sie, ohne daß ich sie merken ließ, was ich bezweckte, bis zur Stelle, wo die Scherben lagen, hängte mich in sie ein und brachte es geschickt dazu, daß sie ahnungslos darauf trat. Jetzt erst war mir leichter. Wenn ich kein Glück mehr hab, dachte ich, sollst Du auch keins mehr haben!«

Kampf gegen die Überlegenheit anderer. Wie zur Bestätigung, daß tatsächlich das Liebesproblem dahintersteckt, taucht jetzt unmittelbar, wie gerufen, der Sohn des Kaffeehausbesitzers auf.

»Mit dem Sohn des Besitzers unseres Stammcafés war ich sehr befreundet. Schon als Kinder hatten wir zusammen gespielt. Er hieß Hans und war genauso alt wie ich. Er hatte einen Sprachfehler. Bei einer Mandeloperation waren seine Stimmbänder verletzt worden.«

»Wir gingen oft zusammen spazieren. Da ich aber nur ungern mit einem Burschen allein war und auch jemand Neuen kennenlernen wollte, fragte ich ihn einmal, ob er nicht einen Freund für mich wüßte.«

Zwei sind weniger als einer. Häufige neurotische Wendung, im Falle einer Zuneigung zu einer Person, gleichsam zur Verhinderung, sich mit einer zweiten Liebschaft zu befassen. Die Versuche des Mädchens, der Liebesfrage doch näher zu treten, mit aller Vorsicht zwar, können uns nicht überraschen. Es sind Versuche zu bejahen, an wenig gefährlichen Stellen, so wie einer etwa, der entschlossen scheint, sich abzuwenden, dennoch einige zögernde Schritte nach vorwärts macht, um dann sein »aber« anzubringen. *Dieses: »Ja! — aber . . .« ist vielleicht die beste Definition der Neurose.*

. . .»Ich brächte ihm dafür meine Freundin Olga. Wir könnten dann zu viert ausgehen. Er erwiderte, er kenne Jungen genug, würde auch einen passenden finden. Ich stellte nur noch die Bedingung, der müsse hübsch sein.«

»Der Freund Fritz war ein großer blonder Bursch, der sich trotz seiner Jugend auf den Lebemann herausspielte. Er fing gleich Feuer und erzählte mir allerhand Blödsinn. Und auch ich log ihm eine Menge vor . . .«

»Als ich dann den Hans fragte, wie ihm die Olga gefiele, meinte er: ganz gut, nur könne sie sich noch nicht richtig benehmen; und dann sei sie für seinen Geschmack zu wenig temperamentvoll . . ., er suche eine temperamentvolle Freundin. — Dabei war er erst fünfzehn Jahre alt und stahl seinem Vater Geld, wenn er mit einem Mädel ins Kino gehen wollte. — Ich entgegnete ihm:

›Was fällt Dir ein! Du mußt halt so reden, daß sie auftaut. Mein Lieber, die hat's faustdick hinter den Ohren, — probiers nur.‹

»Und ich zählte ihm alle ihre Vorzüge auf. Ich hatte ja ebenfalls keine Lust, mit dem Fritz allein zu sein. Ich wollte, daß auch die beiden andern dabei wären. Der Hans, der sich durch mich sehr beeinflussen ließ, erklärte sich bereit, das nächstemal wieder mitzutun. Dafür versprach ich, im Fall ihm die Olga nicht paßte, mich um eine andere Freundin für ihn umzusehen.«

»Der Fritz war sehr verliebt in mich. Im Kino machte er schüchterne Annäherungsversuche. Ich wies ihn aber mit den Worten zurück:

›Ich liebe es nur auf Entfernung zu sprechen!‹

Und er mußte sich fügen. —«

»Einmal am Abend stürzt der Hans ganz aufgeregt zu uns herein: der Fritz habe eine Loge in die Volksoper zu Rigoletto genommen, ich möge mich geschwind anziehen. Mir war das nicht sehr recht. Ein wenig schämte ich mich doch, mit den zwei Burschen in einer Loge zu erscheinen. Da aber die Eltern damit einverstanden waren, machte ich mich in aller Eile fertig.«

»Der Fritz erwartete uns bereits in der Loge. Er überreichte mir ein Bukett und küßte mir die Hand. Feuerrot setzte ich mich auf meinen Platz.«

»Die Musik gefiel mir wohl, ich hätte es aber vorgezogen, allein zuzuhören. Der Fritz hielt die ganze Zeit meine Hand fest und küßte sie fortwährend. Das war mir überaus lästig.«

»In den Pausen sprachen wir über das Stück. Ich tat, als hätte ich die Oper schon wiederholt gehört, als kenne ich jeden einzelnen Sänger. Auf eine Frage antwortete ich:

›Der Sänger scheint heute nicht gut gelaunt zu sein.‹

Nach der Vorstellung machte mir der Fritz eine regelrechte Liebeserklärung und fragte, wie ich mich ihm gegenüber weiter zu verhalten gedächte. Ich entgegnete:

›Ich bin sehr kühl veranlagt — Sie werden schon sehn‹.

Ich nahm mir aber vor, ihn sobald als möglich abzuschütteln.«

»Der Hans verstand sich nicht gut mit der Olga. Ich versuchte es daher, ihm eine andere Freundin von mir einzureden, die Elsa. Ich machte ihn aber gleich darauf aufmerksam, daß sie schon ein wenig vergeben sei, meinte aber, er könne sie vielleicht, wenn er es nicht zu blöd anpacke, ihrem Verehrer, der ein ekelhafter Kerl wäre, abspenstig machen.«

»Bei der Elsa war gerade eine größere Gesellschaft von Bu-

ben und Mädeln versammelt, als ich mit den zwei Knaben angerückt kam.«

»Während eines Pfänderspiels wollte sich der Fritz einen Kuß von mir holen. Ich hatte aber bereits einen solchen Widerwillen gegen ihn, daß ich mich dagegen sträubte.

Darüber hielten sich alle auf. Die andern Mädeln küßten nämlich ohne weiters. Ich wollte höchstens einen Handkuß zugestehen — im Grund war mir auch das schon zuviel. Ich wurde affektiert genannt, war es damals auch wirklich. Ich sprach sehr geziert, drehte mich in einem fort hin und her und sagte bei jeder Gelegenheit:

›Das ist mir viel zu gering!‹«

»Am Nachhauseweg teilte ich dann dem Hans mit, die Elsa hätte uns zu ihren Geburtstag eingeladen, er werde ihr wohl etwas schenken müssen, wenn er sich bei ihr einschmeicheln wolle.«

»Auf meinen Rat hin kaufte er ihr ein Manikürzeug.«

»Die Elsa staunte dann ordentlich, wie nobel mein Verehrer sei — allgemein galt ja der Hans dafür. Es war aber bloß eine Freundschaft, nur daß der Hans alles machte, was ich wollte.«

»So durfte er den aufdringlichen Fritz nicht mehr mitnehmen.«

»Nach einiger Zeit beklagte sich der Hans bei mir, die Elsa scheine sich für ihn nicht zu interessieren. Er käme nicht weiter mit ihr.«

»Ich fuhr nun zu ihr, um sie über ihn auszuholen. Sie äußerte sich sehr zurückhaltend. Während wir plauderten, kämmte sie sich gerade. Da fiel mir ein, ein Büschel ihrer ausgekämmten Haare mitgehen zu lassen, um es dem Hans zu geben. Ich weiß selbst nicht, warum ich so erpicht darauf war, ihn zu verkuppeln.«

Der Neigung zu verkuppeln liegt deutlich eine bösartige Schädigungsabsicht zugrunde, die wir auch an anderen Stellen bemerken können. Vielleicht immer sind es Mädchen, gegen die sie sich richtet, Rivalinnen.

»Als er das nächstemal zu mir kam, überreichte ich ihm die Haare in einem Kuvert und sprach:

›Das schickt dir die Elsa zum Andenken.‹«

»Zugleich schärfte ich ihm ein, mit ihr selbst nicht davon zu reden, sie hätte es so gewünscht.«

»Daraufhin faßte der Hans neue Hoffnung und begann der Elsa wieder den Hof zu machen.«

»Als ich aber merkte, daß sie in ihren Lümmel rettungslos verliebt war, wurde mir die Sache zu dumm. Ich beschloß, nicht mehr hinzugehen und befahl dem Hans:

›Laß die dumme Gans stehn! Du gehst jetzt mit mir zu einer andern!‹«

»Und ich führte ihn zur Walli, einem Mädel, das ich von der Elsa her kannte, und redete solang in ihn hinein, bis er ihr einen Liebesantrag machte und einen Kuß abbettelte.«

»Geraume Zeit später kam der Hans eines Tags zu uns und sagte mir, eigenartig lächelnd, er fühle sich nicht wohl. Ich begleitete ihn und nach langem Zureden gestand er mir, daß er einen Tripper hatte. Er fügte hinzu:

›Ein richtiger Lebemann muß so etwas haben.‹«

»Ich fand zwar seine Krankheit sehr interessant, scheute mich aber aus Angst vor Ansteckung, ihm beim Abschied die Hand zu reichen.«

Die Furcht vor Ansteckung tritt deutlich hervor, wird sicherlich im Sinne einer Ausschaltung der Liebesfrage verwendet.

»Schließlich stellte sich noch heraus, daß er seiner Mutter Schmuck entwendet und ihn versetzt hatte. Auch seinem Vater hatte er Geld aus der Kasse gestohlen. Nun wurde er sehr streng gehalten, durfte nur mehr Sonntagnachmittag ausgehen. Da holte er mich ab, und wir spazierten bescheiden herum.«

»Mein Vater hatte den Hans sehr gern und unterhielt sich köstlich, wenn ich ihm erzählte, daß es der größte Stolz des Buben sei, den Lebemann zu spielen. In dem schwarzen Jackett, das ihm der Vater gemacht hatte, sah auch der kleine Kerl sehr putzig aus . . .«

»An einem Sonntagnachmittag fuhr ich mit der Olga in den Stadtpark. So jung ich war — von zu Haus aus hatte ich jede Freiheit.«

»Wir gehen dort bei der Musik auf und ab. Da kommen zwei Marineoffiziere einher, gucken und lachen uns an. Wir blinzelten einander zu, drehten uns langsam um und sahen, daß die zwei uns folgten. Und plötzlich sprachen sie uns an.«

»Wir waren so verlegen, daß wir kaum antworten konnten. Wir hatten zwar schon so manches Abenteuer mit Burschen bestanden und dabei immer den Mund am rechten Fleck gehabt — aber junge Männer wie diese da, das war uns ganz etwas Neues.«

»Mein Begleiter stellte sich mir vor und erzählte dann allerhand Geschichten aus dem Seeleben.«

»Um uns interessant zu machen, hatten wir uns als Fremde ausgegeben, die Olga als Ungarin, ich als Rumänin, und sprachen gebrochen deutsch. Auf die Dauer konnten wir aber die Täuschung nicht aufrecht erhalten. Diese Blamage beschämte uns, schüchtern waren wir sowieso — wir wurden immer stiller, die beiden mußten fast jedes Wort aus uns

herausziehen. Gerade meine Befangenheit aber schien meinem Marineoffizier zu gefallen. Er ließ kein Aug von mir, überhäufte mich mit Liebenswürdigkeiten und erkundigte sich voll Interesse nach meinen Verhältnissen.«

»Auch die Olga errötete in einem fort und wußte nicht recht, was erwidern.«

»Dann gingen wir in den Kursalon. Allmählich tauten wir auf. Mit heiteren Gesprächen verging die Zeit. Wir erschraken sehr, als es plötzlich sieben war.«

»Wir wurden zur Elektrischen begleitet. Sie hätten uns gern nach Hause geführt. Wir lehnten aus Schicklichkeitsgründen ab. Mein Marineoffizier, der nicht aufhörte, sich um mich zu bemühen, betonte, wie leid es ihm tue, daß sein Urlaub schon heute zu Ende sei und er morgen ans Meer zurückfahren müsse. Er bat mich, zur Bahn zu kommen. Da ich nicht wußte, ob die Olga oder eine andere Freundin Zeit hätte, ich mich aber scheute, allein hinzugehen, gebrauchte ich eine Ausrede. Nun wollte er meine Adresse haben, um mir schreiben zu können. Ich erwiderte ihm, zu mir ginge das nicht, gab ihm aber die Adresse des Bruders der Olga, der in Florisdorf in der Lehre war.«

»Beim Abschied war mein neuer Verehrer sehr gerührt, ermahnte mich, schön brav zu sein, und versprach, bald wiederzukehren. ›Mäderl‹ nannte er mich. Nochmals beteuerte er, wie schade es sei, daß er mich nicht früher kennengelernt hätte. Er werde mich nie vergessen. Ich solle ihm erlauben, mir per ›Du‹ zu schreiben. Ich möge an ihn denken. Ihm standen fast die Tränen in den Augen. Ich blieb aber vollkommen ungerührt. Mir kam es bloß merkwürdig vor, daß ein Mensch, der einen zum erstenmal sieht, so verliebt sein kann.«

»Zwei Wochen waren verstrichen. Ich hatte diese Begegnung allmählich vergessen. Da suchte mich eines Tages die Olga auf und flüsterte mir zu, ich möge schnell zu ihr kommen, es seien Briefe und Karten für mich da, die sich bei ihrem Bruder, der eben bei ihnen eingetroffen sei, angesammelt hätten.«

»Zu allererst war ich sehr überrascht. Dann freute ich mich, schon deshalb, weil der andere Marineoffizier trotz seines Versprechens der Olga nicht geschrieben hatte.«

»Die Briefe waren überaus zärtlich. Eben darum berührten sie mich sehr peinlich. Beim Lesen überkam mich ein Zittern. Ich fühlte mich zu etwas gedrängt, das gegen meine Natur war. Ich hatte die Empfindung, er wolle mich an sich ketten, und das empörte mich so sehr, daß ich den ganzen Tag über unruhig blieb. Ich war ja noch fast ein Kind,

hatte noch nicht einmal die Periode. Beim bloßen Gedanken, mit einem Mann allein zu sein, schauerte mich schon.«

»Ich setzte mich ins Kabinett und stellte mir vor, was mir geschehen würde, wenn ich seine Frau wäre. Da bekam ich eine furchtbare Wut auf ihn und einen Abscheu vor mir selbst.«

Deutlicher Ausdruck des Ausweichens vor der Liebe.

»Die Olga riet mir, ihm zwar zu antworten, aber kühl. Und dann sprachen wir von dem Gewissen, wozu er mich sicher zwingen würde. Wir begannen auf ihn zu schimpfen, und ich höhnte:

›Der kann lang warten, wenn er vielleicht glaubt, daß ich ihm jemals auch nur einen Kuß geb!‹«

»Ich hatte ja noch nie geküßt. Schon ein Kuß erschien mir als das Ärgste.«

»Es traf dann fast täglich ein Brief oder eine Karte von ihm ein. Auch seine Photographie schickte er mir. Zuletzt fragte er an, ob er bei seinem nächsten Aufenthalt in Wien um meine Hand anhalten dürfe. Das beunruhigte mich erst recht. Der Gedanke, meiner gewohnten Umgebung, meiner Familie, entrissen zu werden, war mir unerträglich. Ich erwiderte ausweichend und nur mit ein paar Worten.«

»Die Eltern, die gegen eine so vorteilhafte Verbindung nichts einzuwenden gehabt hätten, hänselten mich, als sie mir die Verlegenheit anmerkten, mit der ich mich dazu stellte. Ich sagte dem Vater:

›Nur dich heirat ich!‹«

Erinnert an den nunmehr von Freud verlassenen Ödipuskomplex der Mädchen. Aus dem Zusammenhang ergibt sich die Überlegenheit der individualpsychologischen Interpretation: Der Vater ist für sie asexuell.

»Ich war noch ganz kindisch.«

»Der Marineoffizier ließ aber nicht locker. In einem der nächsten Schreiben teilte er mir mit, einer seiner Kameraden werde mich in seinem Namen aufsuchen. Darüber erschrak ich wieder. Wir waren auch gar nicht darauf eingerichtet, einen Offizier bei uns zu empfangen. Wir hatten ja nicht einmal einen Raum, wo man ruhig hätte sprechen können. Alles war mit der Schneiderei des Vaters angefüllt.«

»Inzwischen war bei uns oft die Rede davon gewesen, daß ich in ein Büro eintreten solle. Nach Beendigung der Handelsschule machte ich rein nichts. Ich stand um zehn auf, schrie sofort, ich hätte Hunger, und aß erschreckend viel. Den ganzen Tag machte ich Besuche bei Freundinnen und kam nur zum Essen nach Hause. Der Vater sagte oft, so gehe das nicht weiter; entweder müsse ich zu Haus ein wenig mithilfen, oder in einem Büro arbeiten. Für die Wirt-

schaft interessierte ich mich aber schon gar nicht. In einem Büro konnte man wenigstens Geld verdienen. Und so kaufte der Vater eines Morgens das Tagblatt und fand darin eine Annonce, laut der ein chemisches Büro in Hütteldorf eine Anfängerin suchte.«

»Die Mutter begleitete mich hinaus. Ich wurde gleich aufgenommen.«

»Dann fuhren wir zur Lina ins K.-Spital. Meine Schwester hatte an diesem Tag Nachtdienst — ich hätte sie sonst vor Antritt meiner Stellung nicht mehr sprechen können. In der Elektrischen sah ich es der Mutter sofort an, daß sie etwas am Herzen hatte. Schweigsam saß sie neben mir. Bald gestand sie auch, es wäre ihr lieber gewesen, wenn ich den Posten nicht angenommen hätte, er sei viel zu weit, ich würde mich zu sehr abhetzen müssen . . .«

»Als die Lina die große Neuigkeit vernahm, umarmte und küßte sie mich und gab mir alle möglichen guten Lehren mit auf den Weg. Dann fuhren wir nach Haus.«

»Auch der Vater schien bereits seine Idee zu bereuen. Er hatte wohl gar nicht geglaubt, daß ich so schnell eine Stelle kriegen würde. Auch er fand plötzlich, das Büro sei viel zu weit für mich. Und: durchlaufende Arbeitszeit mit bloß einer halben Stunde Mittagspause — das würde ich nicht aushalten. Er war ganz aufgeregt. Ich bestand aber darauf, wenigstens einen Versuch zu machen.«

»›Zuerst jagt ihr mich‹, warf ich ihm vor, ›und dann wollt ihr mich hindern!‹«

»Am andern Morgen wachte ich schon sehr zeitig auf. Die Mutter half mir beim Anziehen. Dann gab sie mir eine Wärmeflasche voll heißem Tee mit, kaltes Schweinernes, Brot und Würfelzucker. Der Vater segnete mich, als hätte ich eine weite Reise vor, und trug mir auf, sofort nach Hause zurückzukehren, wenn mir etwas nicht passe. Beide Eltern waren sehr gerührt. Ziemlich gedrückt machte ich mich auf den Weg.«

Sie erwartet sicherlich große Ehrung von ihrer Anstellung. Wir dürfen wohl bei der Natur solcher Dienstplätze voraussetzen, daß dieses Mädchen sehr bald den Rückweg ins Elternhaus finden werde. Sie wird als verzärteltes Kind auch der zweiten Lebensfrage, dem Beruf gegenüber schlecht vorbereitet erscheinen und zögern, haltmachen oder davonlaufen. Die Aufregung, die sofort berichtet wird, ist ein Zeichen der intensiven Spannung, in die Menschen geraten, wenn sie nicht an die Sache, nicht an die andern, sondern nur an ihren Triumph oder an ihre mögliche Niederlage denken. In dieser erhöhten Spannung entsteht als ein Zeichen unentwickelten Gemeinschaftsgefühls und allzusehr erhöhten Interesses für die eigene Person Lampenfieber. Und an dieser Stelle ergibt es sich auch, wie Mut, Selbstbewußtsein und optimistischer Ausblick nur bei Personen zu finden sind, die sich angeschlossen, heimisch, als ein Teil des Ganzen fühlen. *Mut als eine Seite vollkommenen Gemeinschaftsgefühls!*

»In dem Büro waren einige alte Jungfern angestellt. Die gaben mir als erste Arbeit ein dickes Geschäftsbuch zum Linieren. In meiner Aufregung machte ich gleich ein paar Patzen hinein. Dann mußte ich Kopien nach dem Alphabet ordnen. Das strengte meine Augen sehr an.«

Ihr erhöhtes Interesse für die Augen, wohl auch durch die Eltern genährt – sie war kurzsichtig und wohl oft zur Schonung ihrer Augen aufgefordert – bricht durch als ein Signal zum Rückzug.

»Der Bürochef war ein junger Mann in Uniform. Er führte mich zu sich herein, zeigte mir allerhand, munterte mich auf und meinte, am ersten Tag sei ja noch alles neu, das würde sich aber mit der Zeit schon geben. Ich hatte aber vom Bisherigen bereits genug.«

»Während der Mittagspause verzehrte ich das Schweinerne und trank den Tee. Das war aber für mich soviel wie gar nichts. Ich war gewohnt, riesige Portionen zu verspeisen, ein paar Teller Suppe zu löffeln und dabei auch ein Buch zu lesen. Dann machten mich die alten Jungfern furchtbar nervös. Und auf einmal bekam ich Bauchweh. Ich ging hinaus und mußte den ganzen Nachmittag immer wieder laufen.«

Es ist wohl nur eine Annahme, müßte aus anderen Tatsachen gestützt werden, daß dieses Mädchen jenem Typus angehört, der auf erhöhte seelische Spannung mit Magen- und Darmstörungen reagiert.

»Zuletzt zerschlug ich die Wärmeflasche. Und dann war es endlich fünf.«

»Erschöpft wankte ich zur Elektrischen.«

»Zu Hause überboten meine Angehörigen einander an Teilnahme. Die Lina nahm mich in die Arme und seufzte: ›Du armes Kind, hast dich ordentlich abrackern müssen!‹«

»Die Mutter drückte mich an sich und küßte mich ab. Der Vater stieg von seinem Tisch herab, streichelte mich, sah mir liebevoll in die Augen und küßte mich auf die Stirn. Dann wurde ein leckeres Mahl vorbereitet, lauter Lieblingsspeisen von mir. Ich war aber so abgespannt, daß ich gar keinen Appetit hatte. Das brachte wieder den Vater auf.«

»›Seht Ihr‹, rief er aus, ›so würde sie ganz herunterkommen! Wenn sie nur ein paar Tage in dieses Büro ginge, hätt ich sie schon krank hier liegen! Wie sie ausschaut! Blaß, eingefallene Wangen! Sie verträgt das nicht! Sie braucht ein

Büro, wo viele junge Mädeln sind, wo man nicht so beobachtet wird, wo nicht soviel zu tun ist, wo man sich auch erheitern kann, das nicht so weit weg ist! Sie darf mir morgen nicht mehr hin!‹«

Ihr ganzes Verhalten provoziert die verzärtelnde Gruppe, ihr bei ihrem Vorhaben, von der Stelle fernzubleiben, behilflich zu sein.

»Wir waren gerade mit dem Essen fertig geworden, da läutete es. Die Mutter und die Lina liefen hinaus. Ich hörte aus dem Zimmer her eine mir unbekannte Männerstimme. Die Lina kam in die Küche zurück. Es war der Freund des Marineoffiziers.«

»Ich erschrak. Ich fühlte mich nicht in der Verfassung, auch nur zwei Worte mit ihm zu wechseln. Ich bat meine Schwester, vorzuschützen, ich sei ausgegangen. Einesteils tat es mir zwar leid. Da ich aber von dem Durchfall am Nachmittag noch sehr hergenommen war, fürchtete ich, einen schlechten Eindruck zu machen. Und dann war mir ja auch die ganze Sache höchst peinlich.«

Ausreißen vor der Liebes- und Ehefrage. Wir dürfen nicht darüber erstaunen oder wankend werden, wenn wir wahrnehmen, daß einer sein Ziel (in diesem Falle zögernde Attitüde gegenüber der Liebesfrage) auch mit richtigen Gründen zu erreichen trachtet. Oft stellen sie sich wie ein Alibi ein, oder es geschehen Dinge, die so gewertet werden, daß sie als gewichtige Gegengründe erscheinen. Wenn wir unserer Sache gewiß sind, dann interessieren uns die Gegengründe nicht allzusehr. Wir vermissen die Bewegungen, die zur Lösung der Liebesfrage führen oder wie Kleist sagt:

»Schlaget zu, das Weltgericht frägt nach Euren Gründen nicht!«

»Die Mutter und die Lina unterhielten sich noch eine Weile mit dem Offizier. Ich rührte mich nicht vom Fleck.«

»Kaum war er fort, schlüpfte ich todmüd ins Bett. Ich hörte noch den Vater zur Mutter sagen, sie möge mich recht lang schlafen lassen, damit ich mich von der heutigen Strapaze erhole. Dann schlief ich ein.«

»Den nächsten Tag fuhr der Vater in das Büro, kündigte unter dem Vorwand, ich sei erkrankt, und verlangte meine Zeugnisse zurück. Der Herr wollte sie ihm aber nicht ausfolgen und meinte, ich solle halt kommen, sobald ich gesund sei.«

»Der Vater untersagte mir aber hinzugehen. Nach vierzehn Tagen erhielt er auch meine Zeugnisse. —«

»Vom Marineoffizier kam nur noch ein einziger und wie mir schien in trauriger Stimmung abgefaßter Brief. Dann hörte ich nichts mehr von ihm . . .«

»Als ich einmal mit einer Freundin in der Stadt spazieren ging, wurden wir von zwei Leutnants angesprochen. Wir wiesen sie ab. Sie wichen aber nicht von uns und verwickelten uns in ein Gespräch.«

»Ich ging mit einem der beiden voraus und verlor meine Freundin aus den Augen.«

»Der junge Offizier führte mich durch stille Gassen. Es war Abend. Und auf einmal packte er mich und will mir einen Kuß geben. Ich wehrte mich verzweifelt. Dabei zerriß er mit der Rosette seiner Kappe meinen Schleier — ich hatte ihn mir von der Lina ausgeborgt. Empört schrie ich: ›Jetzt verlassen Sie mich auf der Stelle!‹«

»Er erblaßte und entschuldigte sich. Ich erwiderte, ich wolle mit ihm nichts mehr zu tun haben, er möge mich in Ruhe lassen. Da meinte er, er hätte meinen Schleier zerrissen, er würde mir ihn ersetzen. Ich antwortete, ich verzichte darauf, und eilte fort. Er kam mir nach, entschuldigte sich noch einmal und drohte, das Geld für den Schleier vor meinen Augen einem Bettler zu schenken, wenn ich ihm nicht meine Adresse gäbe. Ich rief ihm zu, er solle tun was er wolle, und ließ ihn abermals stehen. Er lief aber neben mir her und redete mir solange zu, bis ich mich besänftigen ließ und sogar in ein Rendezvous einwilligte.«

»Um mit einem Offizier zu protzen, hatte ich ihn in unsere Gegend bestellt. Als ich ihn aber auf dem A.-Platz warten sah, und dazu noch mit einem Rosenbukett in der Hand, beschlich mich ein peinliches Gefühl. Verschämt hielt ich dann auch die Rosen mit den Köpfen nach abwärts.«

Die gerechtfertigte Abweisung des zudringlichen Offiziers, der freilich, da sich das Mädchen auf der Straße ansprechen ließ, mehr erwarten durfte, gefolgt von der Absicht, mit ihm nur vor ihren Bekannten zu protzen, zeigt wieder die mißbräuchliche Verwendung innerhalb der Sexualsphäre.

»Er schlug vor, in ein Café zu gehen. Zuerst weigerte ich mich. Es war aber ziemlich kühl, und so betraten wir das Café B.«

»Im Laufe des Gesprächs fragte er mich, ob ich mich mit ihm nicht lieber allein unterhalten wolle. Ich entgegnete, es sei ohnedies niemand dabei. Darauf sagte er, so meine er das nicht, hier sei es ungemütlich, er wäre gern mit mir unter vier Augen. Jetzt verstand ich.«

»›Was fällt Ihnen ein! Dazu können Sie mich nicht haben! Ich möchte nach Hause!‹«

»Er schien beleidigt. — Wir verließen das Lokal.«

»Auf der Straße begann er von Neuem in mich einzureden und fragte, ob ich vielleicht Angst vor ihm hätte. Er gäbe mir sein Offiziersehrenwort, daß er mir nichts tun würde.

Und während wir so einhergingen, wollte er mich plötzlich in ein Haus hineindrängen, ich glaube, es war ein Hotel. Ich riß aus. Er mir nach. Als er mich eingeholt hatte, schrie ich ihn wütend an, ich ließe mich zu nichts zwingen, sei auch noch nie mit einem Mann allein gewesen, hätte auch gar keine Lust dazu.«

»›So — Sie glauben mir nicht?‹ fuhr er mich an, ›das ist eine Beleidigung! Ich hab Ihnen doch mein Ehrenwort gegeben! Ich bin kein Lausbub! Überlegen Sie sich's!‹«

»›Ich hab gar nichts zu überlegen! Machen Sie sich keine Illusionen!‹«

»Schließlich, nach vielem hin und her gewährte ich ihm doch noch ein Rendezvous.«

»Diesmal brachte er mir seine Photographie mit. Das kam mir recht blöd vor. Wir fuhren in den S.-Park. Dort wollte er durchaus einen Kuß von mir haben. Ich erklärte ihm:

›Ich habe noch nie geküßt, und wenn ich jemals küß, dann nur aus Liebe. Ich bin aber gar nicht in Sie verliebt.‹

›Dazu müssen Sie gar nicht verliebt sein. Sie werden es schon lernen in mich verliebt zu sein. Sie wissen wahrscheinlich nicht einmal, was ein richtiger Kuß ist.‹«

»Nun wurde ich neugierig. Ich dachte mir, es sei wirklich eine Schande, nicht zu wissen, wie ein richtiger Kuß geht, und nahm mir vor, falls er mir einen rauben würde, es mir gefallen zu lassen. Es dauerte auch nicht lange, und er stahl mir einen Kuß. Ich empfand aber nur Ekel dabei. Dann sagte ich ihm, mir sei kalt, ich wolle nach Hause fahren. Er war sichtlich gekränkt darüber, daß mir bei seinem Kuß nicht warm, sondern kalt geworden sei, und schrie mich verärgert an:

›Entweder — oder! Entweder werden Sie mich nicht mehr sehen — oder es wird eine schöne Liebe sein, was Sie gewiß nicht bereuen werden. Ich hab Ihnen doch mein Offiziersehrenwort gegeben! Was glauben Sie denn eigentlich, mit wem Sie es zu tun haben!‹

›In diesem Ton richten Sie bei mir überhaupt nichts aus‹.

Ich will nicht — und damit Schluß‹

›Überlegen Sie es sich! Ich laß Ihnen acht Tage Zeit! Und wenn Sie nicht einverstanden sind, schicken Sie mir mein Bild zurück.‹

›Ihr Bild — da haben Sie's! Adjö!‹

Ich händigte es ihm ein, drehte mich um und ging.«

»Am nächsten Tage lief ich in aller Frühe zu Tilde, erzählte ihr, daß ich geküßt worden sei, daß ich nun genau wisse, was ein richtiger Kuß sei, und schilderte ihr alle möglichen Wonnen, von denen ich nicht das geringste verspürt hatte.

Und dann riet ich ihr, sich sobald als möglich, denselben Genuß zu verschaffen.«

Wir sehen die nahe Endstation in ihrer Beziehung zum andern Geschlecht, von dem sie eine Herabsetzung fürchtet. Sie fürchtet, nicht mehr die Erste zu sein wie in ihrer Familie. Sie will nur mit dem Feuer spielen. Gleich hernach Prahlerei gegenüber der Tilde und der Versuch, sie den schädlichen Weg gehen zu lassen, den das Mädchen selbst verabscheut.

»Ich hatte aber am Abend hernach meinen Mund mit Hypermangan gründlich abgewaschen und zehnmal ausgespuckt . . .«

»Die Tilde hatte einen Verehrer, in den sie nicht wenig verliebt war. Das wurmte mich. Ich suchte sie gegen ihn aufzuhetzen, bemühte mich ihr einzureden, er passe nicht zu ihr. Da ich aber damit nicht viel Glück hatte, rief ich die Minna zu Hilfe, und trichterte ihr ein, sie möge sich bei der Tilde abfällig über ihn äußern. Sie sagte dann auch zur ihr:

›Ist das ein schiacher (häßlicher) Kerl!‹«

»Die Tilde erwiderte schnippisch:

›Dir braucht er ja nicht zu gefallen — Hauptsach, daß er mir gefällt!‹«

In diesem Bemühen, andere in ihrem Liebesglück zu stören, drückt sich ihre generelle Abneigung gegen Liebe aus, aber gleichzeitig ihr Hang, Spielverderberin zu sein, wenn sie nicht im Mittelpunkt des Interesses steht. Ähnlich machen es verzogene Kinder in der Schule, wenn sie nicht führend in der Klasse oder in Spielen sind, indem sie wenigstens die andern stören, da sie selbst sich minderwertig fühlen in der Erlangung einer führenden Rolle.

Was weiter folgt, ist der Versuch, aus dem für ihren Ehrgeiz gefährlichen Liebesspiel einen Scherz zu machen und sich so das Gefühl der Überlegenheit über die Männer zu verschaffen, indem sie sie zum besten hält.

»Um sie auf andere Gedanken zu bringen, nahm ich sie nun auf meine Nachmittagsspaziergänge mit. Wir setzten uns große Hüte auf und drückten sie tief ins Gesicht. Eine Boa, die mir der Vater aus einem alten Ziegenfell gemacht hatte, zog ich bis über die Nase hinauf. Die Tilde hatte eine Fuchsboa umgewickelt. Man konnte von unseren Gesichtern grad nur die Augen sehen, die wir schrecklich verdrehten, wenn ein Mann vorüberging. Wir ließen uns oft ansprechen und in Cafés führen, verschlangen dort eine Menge Backwaren, machten uns aber dann aus dem Staub.«

»Einmal sprach uns ein Herr zwischen vierzig und fünfzig an und lud uns in eine Bar ein. Das hatten wir noch nicht erlebt. Zuerst zögerten wir — da aber zwei ge-

gen einen waren, dachten wir, es könne uns nicht viel passieren.«

»Eine aufgedonnerte Dame mit strohblondem Haar empfing uns, flüsterte dem Herrn etwas zu und begleitete uns in eine Loge, vor der ein Vorhang hing. Der Herr bestellte Wein.«

»Uns wurde unheimlich zu Mute. Der Vorhang war zwar nicht vorgezogen — außer einem Klavierspieler aber, der eben einen Tanz zu spielen begann, war sonst niemand im ganzen Lokal.«

»Kaum war der Wein eingeschenkt, lispelte mir die Tilde ins Ohr, ich möge mich in acht nehmen, der Mann hätte uns vielleicht ein Aufregungs- oder Betäubungsmittel in die Gläser geschüttet. Mehr bedurfte es nicht, um mir Angst einzujagen.«

»Obwohl wir in einem fort aufgefordert wurden, zu trinken, nippten wir bloß am Wein. Dafür entschädigten wir uns an den Bäckereien. Nun setzte er sich zwischen uns. Wir wichen aber ängstlich zurück. Ich bereute es schon, mitgegangen zu sein, und überlegte, wie wir es anstellen könnten, möglichst bald zu verschwinden. Der Mann sah nicht so aus, als ließe er mit sich spaßen. Er ärgerte sich, weil wir von ihm weggerückt waren, fragte gereizt, was wir uns eigentlich vorgestellt hätten. Wir wurden immer kleinlauter.«

»Als er für einen Augenblick hinausging, wollten wir schon die Gelegenheit benützen, um abzufahren. Draußen aber schien die Blonde auf uns aufzupassen. Wir beratschlagten daher, was wir tun sollten, wenn er versuchen würde, uns zu vergewaltigen. Wir hatten natürlich keinerlei Waffe, mit der wir uns hätten zur Wehr setzen können. Da fiel der Tilde ein, ihm im Notfall mit den zwei leerstehenden Stühlen neben uns an den Leib zu rücken. Um rechtzeitig gerüstet zu sein, legten wir gleich eine Hand auf die Lehnen.«

»Nachdem er zurückgekehrt war, begann er von neuem, sich an uns heranzumachen. Wir stießen ihn abermals weg. Er wurde wütend, nannte uns dumme Gänse, unverschämte Fratzen und warf uns vor, wir hätten ihn geprellt. Uns war das furchtbar peinlich. Er erneuerte seine Angriffe. Doch es gelang uns, sie auch ohne Hilfe der Sessel abzuschlagen.«

»Zuletzt blieb ihm nichts übrig, als zu zahlen.«

»Die Dame mit den gelben Haaren machte verdutzte Augen, als wir unverrichteter Dinge von hinnen segelten.«

»Auf der Straße beschimpfte der Mann uns wieder. Wir fühlten uns aber bereits vor ihm sicher und riefen ihm zu,

er möge uns . . .; und marschierten ab. Wir waren froh, so leichten Kaufs davongekommen zu sein und nahmen uns vor, uns auf so etwas nicht mehr einzulassen.«

»Die Lina veranlaßte, daß ich an einem Tanzkurs teilnahm. Zweimal in der Woche war Tanzstunde. Jedesmal ließ ich mich von einem anderen Burschen nach Hause begleiten. Keinem einzigen aber gab ich je einen Kuß.«

»Eines Tags kam die Tilde mit noch einem Mädel zu uns und erzählte mir, daß beim A. in unserer Nähe ein Maskenball stattfinden werde. Wir sollten alle drei in Altwienerkostümen hingehen.«

»Ich war von dieser Idee um so mehr entzückt, als ich noch nie auf einem Ball gewesen war. Ich sagte auch gleich zu, obwohl ich keine Ahnung hatte, wie ich das durchführen solle. Aus Sorge für meine Gesundheit hatte sich der Vater bisher immer gegen Bälle ausgesprochen. Ich besaß auch kein passendes Kleid, geschweige, daß ich imstand gewesen wäre, mir ein Kostüm zu verschaffen.«

»Die Tilde und die Gretel hatten bereits weiße Kostüme und schwarze Masken vorbereitet. Ich hatte mich noch nicht einmal getraut, dem Vater auch nur davon zu reden.«

»Fast im letzten Augenblick, am Nachmittag vor dem Ball, entschloß ich mich, ein mir bekanntes reiches Mädel aufzusuchen und sie zu bitten, mir ein Kleid und was ich sonst noch für den Ball benötigte, zu borgen.«

»Sie willigte ein, und ich wählte unter ihren zahlreichen Kleidern eines aus, das mir am ehesten geeignet erschien. Sie lieh mir auch eine Maske und einen Fächer. Lackschuhe hatte ich selber.«

»Dem Vater gegenüber schützte ich einen Besuch bei der Tilde vor. Die Mutter hatte ich eingeweiht. Sie gab mir auch das Geld für die Eintrittskarte.«

»Die Tilde war schon auf den Ball gegangen, als ich mit meinem Paket, in dem sich auch Puder und Lippenstift der Lina befand, bei ihr eintraf. Ihre Mutter half mir beim Anziehen. Da die reiche Freundin beinahe dreimal so stark war wie ich, war mir ihr Kleid viel zu weit. Es mußte in der Eile mit Sicherheitsnadeln zusammengespendelt werden. Dann probierte ich die Maske. Sie drückte mich und verzog mir die Augenlider. Ich hatte aber keine Zeit mehr, sie zu richten.«

»Schon auf der Stiege zum Tanzsaal merkte ich, daß alle andern Mädchen in Begleitung kamen. Nur ich war allein, was mich ein wenig genierte. Ich band mir darum gleich die Maske vor. Um nicht zu stolpern, mußte ich sie aber hie und da lüften.«

»Der Tanzsaal war gestopft voll. Es war gerade Pause. Ich

suchte meine Freundinnen — fand sie auch bald. Sie saßen auf einer Bank und tuschelten. Ich setzte mich neben sie, doch sie erkannten mich nicht.«

»Nach einer Weile beugte ich mich zur Tilde und sagte:

›Wie geht es Fräulein Tilde?‹

Die zwei waren ganz baff und riefen aus:

›Jö — die Klarerl!‹

»Sie freuten sich riesig, daß ich doch noch gekommen war.«

»Die Musik begann wieder zu spielen, wir wurden engagiert und tanzten fleißig.«

»Nun hatten wir zwar das Entree bestreiten können, sonst aber besaßen wir keinen Heller mehr. Und wir hätten so gern etwas gegessen und getrunken.«

»Da forderte mich ein Herr von sehr bürgerlichem Zuschnitt zum Tanz auf. Er kam mir zwar viel zu alt für mich vor, hatte eine komische Aussprache, und auch sein Walzer war nicht gerade berückend. Ich hoffte aber, er würde mir dazu verhelfen, meinen Durst zu löschen, und so unterhielt ich mich mit ihm auch nach dem Tanz. Dann stellte ich ihm meine Freundinnen vor. Der Tilde hatte ich vorher zugeflüstert:«

›Jetzt hab ich mir einen Schuster aufgegabelt, der nicht einmal ordentlich tanzen kann. Hoffentlich geht er mit uns ins Restaurant. Kokettiert nur tüchtig mit ihm!‹

»Der Herr schien nicht übermäßig entzückt davon, daß aus einer gleich drei wurden. Ich gab ihm aber zu verstehen: entweder alle drei — oder gar keine! So zogen wir denn selbviert ins Restaurant und tranken Wein. Von einem Gulasch bekam ich allerdings bloß den Duft zu spüren.«

»Nach einer Viertelstunde entschuldigte ich mich höflich und überließ meinen Tänzer den beiden Freundinnen. Er folgte mir aber bald nach und wollte in einemfort mit mir tanzen. Ich drückte mich nach Möglichkeit.«

»Am Ende des Saales wurde eine große Haube aufgehängt. Das Paar ,das beim Tanzen darunter geriet, mußte ›heiraten‹ gehen, das heißt, in einem separaten Raum einander küssen. Unglücklicherweise kam ich mit dem Alten unter die Haube. Ich weigerte mich aber, mich von ihm küssen zu lassen. Ich sagte ihm:«

›Ich schick Ihnen die Tilde — ich mag nicht!‹

»Die Tilde wieder wies auf die Gretel. Die wollte aber auch nichts davon wissen. Und so kam der gute Mann um seinen Kuß und hatte sich umsonst in Auslagen gestürzt.«

»Ich tanzte dann sehr viel, erhielt auch eine Menge Blumen, kleine Sträuße. Ich flog von einem zum andern. Nur die Maske störte mich. Ich war froh, als ich sie um Mitternacht endlich herunternehmen konnte. Jetzt tanzte ich erst recht *drauf los, machte auch etliche Rendezvous aus, von denen ich aber kein einziges einhielt. Und dann war der Ball zu Ende.«*

»Einige junge Leute boten uns ihre Begleitung an. Wir lehnten dankend ab.«

»Bei der Tilde zog ich mich wieder um. Ihre Mutter lachte sehr über unsere Erlebnisse mit dem Schuster, wie wir ihn nannten. Hierauf schlich ich nach Hause.«

»Der Vater war noch wach. Er machte ein finsteres Gesicht, als er mich erblickte. Ich ließ ihn gar nicht zu Wort kommen und erzählte so lustig vom Ball, daß er nicht mehr ernst bleiben konnte. Zuletzt sagte er nur:

›Aber allein gehst Du mir auf keinen Ball mehr, das nächstemal gehe ich selbst mit, wenn ich Zeit hab. Die ganze Nacht durchtanzen und darauf angewiesen sein, daß wer einem was zahlt!‹«

»Ich mußte in der Tanzstunde immer ein und dasselbe Kleid tragen. Ich wünschte mir schon lange ein neues. Wir hatten aber nie genug Geld dazu. Ich zerbrach mir den Kopf, wie ich mir welches verschaffen könnte. An ein Büro anketten lassen, wollte ich mich um keinen Preis. Jede Kanzleiarbeit war mir direkt verhaßt.«

»Hie und da warf ich einen Blick auf Zeitungsinserate. Einmal sprang mir eine Annonce in die Augen: »Hilfsarbeiterin aufgenommen, sehr leichte Arbeit, gegen gute Bezahlung, VI. Bezirk usw.« Ich zeigte dieses Inserat meinen Eltern. Die waren aber mit so einer Stellung nicht einverstanden. Sie fragten mich, wozu sie mich denn in die Handelsschule geschickt hätten. Ich entgegnete, es sei mir bloß um das Geld zu tun; womit ich es verdiene, sei mir gleich.«

»Tags darauf saß ich bereits an einem langen Tisch und zupfte Federn auseinander. Die anderen Arbeiterinnen sahen mich mit großen Augen an. Ich kümmerte mich aber nicht um sie und zupfte mechanisch an meinen Federn. Der sich dabei entwickelnde Staub reizte mich fortwährend zum Husten. Ich überwand mich aber, dachte an das Geld, das ich mir verdienen, und das Kleid, das ich mir dafür kaufen würde. Und dann fiel mir ein Kinostück ein, wo eine Hilfsarbeiterin den Fabrikherrn heiratet. Unglücklicherweise war mein Chef ein kleiner, alter Dickbauch.«

»Als ich dem Vater von meinem Debut als Federnzupferin erzählte, meinte er, das sei nichts für mich, eine solche Beschäftigung würde meine Lunge gefährden.«

»Einmal ging ich noch hin. Dann verbot es der Vater endgültig. Ich holte mir die paar Kreuzer ab und beschloß, mir einen andern Beruf zu suchen.«

»Ich glaubte das Richtige gefunden zu haben, als mir nach

einiger Zeit folgendes Inserat auffiel: Kinoschauspielerinnen werden ausgebildet. Professor N. N.«
»Diesmal ließ ich mich von der Lina begleiten.«
»In einem rot austapezierten Zimmer, in dem ein großer Flügel stand, wurden wir von dem angeblichen Professor, einem noch sehr jungen Mann, empfangen. Er bat uns, zuerst einer Probe beizuwohnen. Danach könne ich die Prüfung ablegen.«
»Es traten nun zwei Burschen und ein sehr flottes Mädel auf und spielten eine Liebesszene.«
»Dann kam ich dran. Der eine Bursch wurde mir als Partner zugeteilt und sollte meinen Vater darstellen, der mir eine Heirat verbot.«
»Der junge Mann begann sogleich Gesichter zu schneiden. Ich mimte die Traurige. Und dann stellte ich mir vor, wie ich mich gegen den Vater benahm, wenn er mir einen Wunsch abschlug. Ich stampfte mit den Füßen auf und brüllte:«
›Sei nicht so ekelhaft!‹
»Alle brachen in ein Gelächter aus, applaudierten und riefen:«
›Ausgezeichnet!‹
»Der Professor fand, ich hätte viel Talent und wollte sofort die Stunden mit mir abmachen. Die Lina aber sagte ihm, sie müsse vorher noch mit den Eltern reden.«
»Als der Vater meinen neuen Plan hörte, brachte er allerlei Bedenken vor. Es wäre ihm auch nicht möglich gewesen, das notwendige Geld dazu aufzutreiben. Und so fand auch diese Laufbahn ein vorzeitiges Ende.«
»Nicht lange darauf kam mir die Idee, Assistentin bei einem Zahnarzt zu werden, wie es die Lina gewesen war. Ich dachte mir das als eine ziemlich leichte Arbeit. Ich war auch neugierig, wie sich die Leute beim Zahnausreißen verhielten.«
»Eine entsprechende Annonce des Tagblatts setzte mich sofort in Bewegung.«
»Der Zahnarzt, ein älterer Mann mit einem Spitzbart, gefiel mir nicht. Er fragte mich, ob ich schon Vorkenntnisse hätte, was ich verneinte. Darauf brummte er etwas, notierte meine Adresse und entließ mich.«
»Zwei Tage später bekam ich eine Karte von ihm, worin er mich aufforderte, ihn zu besuchen.«
»Bevor er sich entschloß, mich anzustellen, erkundigte er sich erst des langen und breiten nach meinen Familienverhältnissen. Er schien ein sehr pedantischer Mann zu sein. Dann kam auch seine Gattin herein und nahm mich in Augenschein. Sie war mit einem Schlafrock angetan. Mir war es

in höchstem Grad zuwider, ihr »Küß die Hand« sagen zu müssen.«

»Als Zuschuß zu dem winzigen Gehalt stellte er reichliche Trinkgelder in Aussicht. Er erzählte mir auch, meine Vorgängerin hätte von ihm weg geheiratet. Zuletzt trug er mir noch auf, immer solid frisiert zu sein.«

»Den folgenden Tag mußte ich schon um halb acht in der Früh meinen Posten antreten.«

»Der Zahnarzt zeigte mir die wichtigsten Instrumente, erklärte mir, wie der Bohrer einzustellen sei usw. Mir brummte schon der Schädel vor lauter Instrumenten.«

»Dann trippelte die erste Patientin herein. Ich stellte mich links von ihr, band ihr die Serviette um und schüttete Wasser ins Glas. Der Zahnarzt entzündete das Spiritusflämmchen und pumpte heiße Luft in den Bläser. Ich mußte einen gestielten Spiegel an der Flamme erwärmen, damit er durch den Hauch aus dem Mund der Patientin nicht anlaufe. In meiner Aufregung blieb ich zulange bei der Flamme, und auf einmal schreit mich mein Chef an:

›Genug! Sonst springt der Spiegel!‹

»Blitzartig befiel mich da meine alte Spiegelangst — ich sah bereits das Spiegelchen zersprungen und mich mit sieben Jahren Pech bepackt. Und im selben Moment überlegte ich auch schon, wie ich mich am besten drücken könnte. Auch ekelte mich furchtbar, mit dem Kautschuk zu hantieren, der zur Isolierung des behandelten Zahnes dient und vom Speichel troff.«

Auf den ersten Blick erscheint der häufige Wechsel der Beschäftigung gerechtfertigt, aber wir dürfen voraussetzen, daß für dieses Mädchen nur schwer eine Stellung zu finden sein wird, solange sie ihren Lebensstil nicht ändert. Auch beim Zahnarzt sieht man ihre ganze Aufmerksamkeit darauf gerichtet, wie sie ausreißen könnte. Da kommt ihr die alte, scheinbar vergessene Spiegelangst sehr gelegen: *Auch* ekelte mich furchtbar ...« Das berühmte »*außerdem*« in der Neurose.

»Am Schluß mußte ich noch den Messingbehälter, in den gespuckt wird, hinaustragen und die Instrumente auskochen.«

»Von alledem und dem Geruch, der an meinen Händen haftete, graute mir derart, daß ich zu Mittag kaum etwas essen konnte.«

»Um zwei mußte ich wieder zurück sein. Jetzt zeigte mir der Zahnarzt, wie man die Nervnadel mit Watte umwickelt und riet mir, das ordentlich zu üben. Seine Frau erschien abermals und sagte, ich möge ihr beim Wäscheausbessern behilflich sein, wenn ich genug Zeit hätte. Ich dachte mir:

Du kannst lang warten! Was noch alles? Den ganzen Tag auf den Beinen – und dann noch Wäsche flicken!«

»Hierauf begann der Aufmarsch der Patienten. Um das Schauspiel aber, worauf ich so begierig war, wurde ich betrogen: niemand ließ sich einen Zahn ziehen.«

Beim Unglück anderer anwesend zu sein, reizt Personen immer, die sich minderwertig, schwach fühlen. So üben und trainieren sich manche Kinder, grausam zu sein, weil sie sich ihrer Weichheit schämen, stehen zitternd beim Schweineschlachten, fühlen sich aber immer wieder hingezogen, um sich abzuhärten, hören oder lesen immer wieder gruselige Geschichten usw. Auch der fertige Tyrann ist immer feig und ein Schwächling.

»Mühsam erledigte ich meine Arbeit. Am Abend ging ich fort und kehrte nicht mehr zurück.«

XII. Kapitel

»Während eines Spaziergangs mit mir wurde einmal die Tilde von ihrem Verehrer auf ein Kanalgitter gezogen und dort festgehalten. Dabei wanden sich beide vor Lachen. Verwundert fragte ich, was das denn bedeuten solle. Die Tilde erwiderte:

›Du weißt gar nicht, daß man keinen Mann bekommt, wenn man auf einem Kanalgitter steht?‹«

»Ich spitzte gleich die Ohren und dachte mir: merkwürdig, daß ich immer einen solchen Abscheu davor gehabt hab, auf ein Kanalgitter zu treten, so ein dumpfes Gefühl, als bedeute das nichts Gutes. Nun glaubte ich endlich herausgebracht zu haben, was dahinter stecke.«

»Aus Angst, wie die Tilde auf ein Kanalgitter geschleppt zu werden und infolgedessen keinen Mann zu bekommen, ging ich seitdem mit den beiden sehr ungern aus.«

Offenbar hat diese Abneigung zum wahren Grund, daß sie sich nicht als der Mittelpunkt der Situation sah. Die Kanalgitteridee konnte sie aus der fatalen Situation befreien, sich überflüssig zu fühlen. Wir verstehen daher, warum logische Argumente nichts fruchten konnten. Die Kanalgitteridee hatte einen anderen Zweck, als logisch diskutiert zu werden. Und für diesen anderen Zweck war sie vollkommen richtig und intelligent. Privatintelligenz gegen common sense. Diese Privatintelligenz finden wir bei allen Überlegungen von schwer erziehbaren Kindern (»weil ich nicht will«), Neurotikern wie im vorliegenden Fall, Wahnsinnigen (»weil ich durch elektrische Ströme influenciert werde«), Kriminellen (»weil der Herr schöne Kleider hatte und ich nicht«), Selbstmördern (»weil das Leben keinen Zweck hat«), Perversen (»weil dies die höhere Form von Liebeskultur ist«), Trinkern, Morphinisten (»weil ich ohne diese Mittel nicht leben kann«), Abergläubischen (»weil etwas Glück, Unglück bringt«) etc.

»Ich konnte gar nicht mehr anders, als an diesen geheimnisvollen Zusammenhang zu glauben. Auch als ich bereits den klaren Beweis hätte haben können, daß es sich da bloß um eine dumme Redensart handelte: die Finni, die Freundin der Lina, die ich wiederholt auf Kanalgitter hatte treten sehen, heiratete trotzdem, — war ich nicht mehr umzustimmen.«

»Meine Freundinnen wunderten sich nun, daß ich vor Kanalgittern stets einen großen Bogen machte oder erschrocken davor zurückprallte. Wenn sie mich nach der Ursache fragten, entgegnete ich:
›Es stinkt herauf. Ich kann den Geruch nicht vertragen.‹«
»Als ich dann einem Burschen, in dessen Gesellschaft ich vor einem Kanalgitter Reißaus genommen hatte, die ganze Sache aufklärte, stellte er sich vor meinen Augen auf das Kanalgitter hin und blieb dort eine Weile stehen. Das erschien mir plötzlich so komisch, daß ich beinahe einen Lachkrampf bekam. Zugleich tat er mir aber auch leid. Ich sagte mir: der kann jetzt lang warten, bis er eine Frau kriegt! — Ich war fest der Meinung, daß das wirklich auf Wahrheit beruhe.«
»Einmal merkte ich, daß knapp bei der Haltestelle der Elektrischen, wo ich hätte aussteigen sollen, ein Kanalgitter war. Da kehrte ich geschwind in den Wagen zurück und fuhr eine Station weiter. Ein anderes Mal kam ich an der selben Stelle in Begleitung einer Bekannten an, die wußte, daß ich schon am Ziel war. Es blieb mir nichts übrig, als mit einem Sprung über das Kanalgitter hinwegzusetzen. Trotz dieser Vorsichtsmaßregel bildete ich mir ein, mit dem Fuß daran gestreift zu sein. Ich wurde ganz lebensüberdrüssig, verabschiedete mich von dem Mädel, fuhr nach Hause und sagte meinen Eltern:
›Mir ist etwas Furchtbares passiert!‹«
»Die Eltern erschraken. Als sie aber vernahmen, worum es sich handelte, konnten sie sich vor Lachen kaum halten. Der Vater begann sich anzuziehen und versprach, mir zu zeigen, daß er hundertmal auf ein Kanalgitter steigen werde. Weinend antwortete ich, bei ihm sei es nicht dasselbe — er hätte ja schon eine Frau, brauchte also nichts mehr zu befürchten. Eher wäre es etwas, wenn sich die Lina dazu verstünde.«
»Meine Schwester pflanzte sich auch wirklich vor meinen Augen seelenruhig auf einem Kanalgitter auf. Das beruhigte mich aber durchaus nicht. Ich fing vielmehr von neuem entsetzlich zu heulen an. Ich warf mir vor, ich wäre nun schuld, wenn die Lina keinen Mann bekäme.«
»Es genügte oft, daß ich mich einem Kanalgittter nur näherte, um die Einbildung in mir wach zu rufen, ich sei damit irgendwie in Berührung gekommen.«
»Erst als es mir gelang, alle meine Freundinnen, ohne daß sie merkten, worauf ich zielte, auf Kanalgitter zu locken, fühlte ich mich eine Zeitlang erleichtert.«
»Als es aber Winter wurde und Schnee fiel, wagte ich mich nur mehr mit der größten Vorsicht auf die Straße. Fortwährend spähte ich nach den vom Schnee verdeckten Kanalgittern

aus. An einem Abend war mir plötzlich, als sei ich auf eines darauf getreten. Außer mir vor Verzweiflung rannte ich nach Haus und schrie und tobte. Dann fuhr ich mit der Elektrischen an die Unglücksstelle zurück und schaute nach, ob dort wirklich ein Kanalgitter sei. Wenn ich mich recht erinnere, fand ich gar keins — bloß eine Pfütze.«

»Die Kanalgitterangst machte mir das Ausgehen zu fast unlösbaren Problemen. In unserer Gegend hatte ich wohl genau ausgekundschaftet, wo sich welche befanden, weiter draußen aber wimmelte es ja von unbekannten tückischen Kanalgittern.«

»Trotz meiner Scheu, mich mit einem Mann einzulassen, dünkte mich die Aussicht, eine alte Jungfer bleiben zu müssen, als das schändlichste Los. »Alte Jungfer« — der bloße Titel schreckte mich schon.«

»In meiner Verzweiflung dachte ich bereits daran, mich von der Welt zurückzuziehen und in ein Kloster zu gehen.«

Diese Kanalgitterangst hilft ihr sichtlich alle Verantwortlichkeit für eine eventuelle Ehelosigkeit von ihrer persönlichen Wirkung abzulösen. Ihr Hochmut und Stolz sind gerettet. Wenn keiner sie will, ist das Kanalgitter schuld. Ähnliche Vorkehrungen findet man häufig unter Kindern, wenn sie irgendeine kleine Tatsache — Treten auf eine Spalte zwischen Steinen, Überspringen etlicher Stufen etc. — haftbar machen für den Ausfall ihrer Schulaufgaben beispielsweise. Von hier zweigt später gelegentlich die Zwangsneurose oder die Phobie ab. Dieses Gehaben im Bereiche eines kindischen Aberglaubens deckt sichtlich den Bestand eines vergrößerten Minderwertigkeitsgefühls, den Mangel des Vertrauens in die eigene Kraft auf. Gelegentlich freilich kann parallel mit der Anstrengung, sich im Bereich des Aberglaubens hervorzutun, eine erfolgreiche Anstrengung auf der Seite des Allgemein-Nützlichen erfolgen. Nicht selten wird dann der günstige Erfolg dem günstigen Omen zugeschrieben. Ein Patient litt unter der phobischen Zwangsidee, seine Schwestern könnten verbrennen, wenn er abends nicht für sie einen Feuersegen beten würde. Aber es geschah, daß nicht nur seine Schwestern vom Feuer verschont blieben, sondern daß er auch immer an sie dachte und für sie sorgte, was wohl die tiefere Absicht dieser Zwangsidee gewesen ist: sich zu dieser hilfreichen Leistung zu *zwingen* (Unbewußtes!), die er wohl auch ohne Zwang fertig gebracht hätte und beabsichtigt hatte (Bewußtes!). Man kann leicht ersehen, daß Unbewußtes und Bewußtes den ganz gleichen Weg verfolgen, beide geleitet von dem Ziel der Überlegenheit auf der nützlichen Seite allen Widerständen zum Trotz für seine Schwestern zu sorgen.

Ein anderer Zug in der Kanalgitterepisode erscheint uns von früher her vertraut. Sie findet eine Erleichterung darin, wenn ihre Freundinnen sich durch das Beschreiten eines Kanalgitters um die Chance einer Ehe bringen. Geteiltes Leid . . .

»Zu meiner Kanalgitterangst kam noch folgendes hinzu: Eines schönen Tages begann ich mir einzubilden, daß der J-Wagen der Tramway und der J2 für mich Unglück bedeuteten. Ihnen schloß sich dann der 13er an, der 3er, der 63er, der A, Ak, B, Bk, D; und der 43er und C vom Gürtel an stadtwärts. Es war mir jetzt vollkommen unmöglich, diese Linien zu benützen. Oft ging ich bei noch so schlechtem Wetter lieber eine Strecke zu Fuß.«

»Am verpöntesten waren mit der J und J2 — mit denen fahre ich noch heute nicht. Es läßt sich denken, daß aus diesen Verboten, die ich unbedingt einhalten mußte, sich die ärgsten Schwierigkeiten für mich ergaben. Ich könnte viel davon erzählen.«

»Einmal am Abend steig ich bei der A.-Straße aus einem F aus und wart auf einen H. Ich bin etwas kurzsichtig — kommt ein Wagen daher, von dem ich mir fest einbildete, er sei ein H. Ich steig ein, setz mich — auf einmal merk ich erstaunt, daß der vermeintliche H statt in die Alserstraße einzubiegen, weiter über den Ring fährt. Ich spring auf, schau die Tafel an — steht da ein D! Wie eine Rasende bin ich hinausgestürzt und abgesprungen. Ich war von dieser Verwechslung ganz niedergeschmettert. Ich glaubte, ich würde nun Pech über Pech haben. Wieder faßte ich den Vorsatz, in ein Kloster zu gehen.«

Wir sehen, wie sie durch die Wagenphobie ihren Aktionskreis einschränkt und wieder — vor das Liebesproblem in dieser Zeit gestellt — nach einem Ausweg vor einer Niederlage in dieser Frage sucht: das Kloster.

»Vorerst aber bügelte ich das Kleid aus, das ich in dem gräßlichen Wagen angehabt hatte, um dadurch den bösen Zauber zu bannen. Wär ich reich gewesen, hätt ich alles, was ich am Leib trug, bis zu den Haarnadeln, weggeworfen oder verbrannt. So aber mußte ich armer Teufel mich damit begnügen, das Unglückskleid mit dem Bügeleisen zu bearbeiten, mich vom Scheitel bis zur Sohle zu waschen und einen Gegenzauber zu vollführen: ich sagte eine bestimmte Zahl dreimal nacheinander auf.«

»Dann wurde es mir auch ganz und gar unmöglich, gewisse Gassen zu betreten. Wenn ich an einer von ihnen vorbeikam, hielt ich den Atem an, damit die Luft daraus mich nicht träfe und in mich hereinströme. Und wenn ich bereits geatmet hatte, spuckte ich dreimal aus und rieb mir den Mund mit Speichel ab.«

»Welche Gassen das waren? Ich scheue mich heute noch, sie zu nennen.«

»Die Lina ärgerte sich immer furchtbar, wenn ich sie auf der Straße in Zickzack herumzog und sie in einem fort zwang, Umwege zu machen.«

»Auch meinen Angehörigen erlaubte ich nicht, in den verpönten Wagen zu fahren und durch die mir zuwideren Gassen zu gehen. Und wenn ich erfuhr, daß es doch geschehen war, durften sie nicht an mir ankommen. Und die Kleider, die sie dabei getragen hatten, die merkte ich mir genau und rührte sie nicht mehr an. Und wenn ich zufällig an eines ankam, fluchte und tobte ich, riß mir die Kleider vom Leib, stellte mich splitternackt ans offene Fenster, um eine Lungenentzündung zu kriegen und zu sterben, und warf mich dann verzweifelt aufs Bett.«

Die Sehnsucht nach dem Tode, nahe der Selbstmordabsicht, taucht als Lösungsversuch auf, der gefürchteten Niederlage in der Liebesfrage zu entgehen. Dies ist wie immer so auch hier die Leistung der Ausschaltungstendenz, wenn alle andern Wege zu einer siegreichen Lösung der Probleme verschlossen scheinen. Statt Überwindung der Schwierigkeiten durch schöpferische Kraft und Wahl des Weges im allgemeinen Interesse, damit Überwindung des Minderwertigkeitsgefühls im sozialen Interesse — Loslösung aus der Gemeinschaft, Verurteilung derselben und ihrer Darbietungen, Rache an den Widerständen und das fiktive Gefühl der Überlegenheit im Erleben der Herrschaft über das eigene Leben und den Tod. Dies ist Bekenntnis des Schwächlings, des Hoffnungslosen.

Die Wagenphobie, und wie dieses Mädchen sie ausgestaltet, gibt ihr wieder die Herrschaft über ihre Familie, dem schwächsten Teil ihrer Umgebung.

»In der J.-Straße streifte ich einmal eine Frau an, die eine Einkaufstasche trug. Und im selben Augenblick kam mir der Gedanke, sie wohne vielleicht in einer jener Gassen, die ich nicht mochte. Um zu sehen, ob das vielleicht der Fall sei, folgte ich ihr. Ich verlor sie aber schließlich aus den Augen.«

»Auch die Kinos der J.-Straße konnte ich nicht mehr besuchen. Darin saßen ja Leute aus den verbotenen Gassen! Selbst das schönste Programm konnte mich nicht mehr verlocken.«

»Dann wurden mir auch eine Anzahl Kaffeehäuser, und zwar in verschiedenen Gegenden, so zuwider, daß ich mir Mund und Nase zuhielt, wenn ich an ihnen vorbeiging. Einmal vergaß ich darauf, mich vor dem Café Central in der Herrengasse auf diese Weise zu schützen. Erst im Nachhinein fiel mir ein, wo ich vorübergegangen war, und daß ja die Kaffeehausdrehtür, die sich gerade bewegte, einen Un-

glückswind auf mich geblasen hatte. Ich fühlte mich wie verpestet, kehrte um, lief nach Hause, schleuderte meinen Hut weg, riß mir die Kleider vom Leib, wusch mir fest das Gesicht mit Seife ab und spülte mir den Mund aus.«

»Die mir widerwärtigen Gassen vermehrten sich wie Kaninchen. Es gab auch bereits einen ganzen Bezirk — den dreizehnten —, der mir samt und sonders verhaßt war. Wenn Leute aus diesen Gassen oder dem verbotenen Bezirk bei uns waren, war mir, als hätte ich es mit Pestbehafteten zu tun, deren bloßer Hauch schon Verderben brächte und die alles infizierten, was sie berührten. Einen Sessel zum Beispiel, auf den sich einer von ihnen setzte, benützte ich nicht mehr. Bald blieb mir — wie in der Lupuszeit — nur mein alter zerfetzter Fauteuil übrig, den ich auch sorgsam behütete. Machte jemand nur Miene, sich darauf zu setzen, schlug ich gleich Lärm, und er mußte sich zurückziehen. Zum Klavierspiel schleppte ich ihn eigens aus der Küche ins Zimmer. Auch meine Kleider durften nicht auf einen andern Stuhl gelegt werden.«

»Einmal kochte die Mutter ein Gulasch. Obwohl es Pferdefleisch war, freute ich mich sehr darauf. Als sie mir nun den Teller füllte, streifte sie dabei zufällig mit dem Arm an die Lehne eines Sessels, auf dem kurz vorher eine verbotene Person gesessen war. Ich bekam eine fürchterliche Wut und rührte das Gulasch nicht mehr an. Darüber wurde wieder die Mutter so zornig, daß sie beinahe den ganzen Topf zu Boden geschmissen hätte.«

»Teller, Tassen oder ein Besteck, das von einem der mir verhaßten Leute benützt worden war, rührte ich nicht mehr an. Solche Gegenstände mußte die Mutter auf einem besonderen Platz, getrennt vom andern Geschirr aufheben, damit sie für mich jederzeit als verpönt kenntlich seien. Wie in der Lupuszeit gewöhnte ich mir wieder an, mit einem eigenen Besteck auf einem eigenen Teller zu essen. Kam nun jemand, den ich nicht mochte, oder einer meiner Angehörigen, nachdem er sich durch Berührung mit denen oder durch Benützung eines mir unliebsamen Gegenstandes sozusagen verunreinigt hatte, an meinen Sachen an, berührte ich sie nicht mehr. Die Mutter mußte neue anschaffen.«

»An einem Samstagabend ereignete sich irgendein Vorfall, wodurch mir mein Besteck verleidet wurde. Ich fing gleich an zu wüten und beschimpfte die Mutter, weil sie nicht aufgepaßt hatte. Die Geschäfte waren schon gesperrt. Es war nicht möglich, mir ein anderes Besteck zu kaufen. Schließlich borgte sich die Mutter eine Gabel von der Nachbarin aus.«

»Um jeder direkten Berührung mit den mir Anrüchigen zu

entgehen, oder mit solchen, von denen ich fürchtete, sie könnten dazu gehören, zog ich mich ins Kabinett zurück. Hier war mir aber, als dringe der böse Blick, den ich ihnen zuschrieb, durch die Wand hindurch und bringe mir Unheil. Da legte ich mich ins Bett und verkroch mich unter die Decke.«

»Ich betrat auch gewisse Geschäfte nicht mehr, meist solche in der J.-Straße, und auch die Mutter durfte dort nicht mehr einkaufen. Wenn sich in mir der Verdacht regte, daß sie Lebensmittel in so einem Geschäft besorgt hatte, nahm ich sie in ein Kreuzverhör, stellte die raffiniertesten Fragen an sie, legte ihr Fallen wie ein Detektiv. Und wenn ich darauf kam, daß sie mich angelogen hatte, beschimpfte ich sie furchtbar, benahm mich wie eine Rasende.«

»Nach jeder Berührung mit einem verbotenen Menschen oder Gegenstand wusch ich mich.«

Wir konnten erraten, daß die letzte Gestaltung dieser Phobie zum Waschzwang führen mußte. Nicht so der geistig Defekte. Die Auswahl eines intelligenten Planes zur Erreichung ihres Zieles beweist die Intelligenz dieser Patientin.

In diesem Waschzwang erscheint dieses Mädchen abermals als überlegen. Sie ist die einzig Reine in ihrer Welt. Alles andere ist schmutzig. Auch hier wieder Parallelismus von Bewußtem und Unbewußtem. Im Unbewußten das Streben nach Überlegenheit auf billige Weise, wie immer bei verzärtelten Kindern. Im Bewußten bloß Abneigung gegen den Schmutz anderer. Aber bei dieser Gelegenheit ergibt sich, ohne daß die Patientin ihre Aufmerksamkeit darauf richtete, daß sie die einzig Reine, die Überlegene ist. Würde man davon sprechen, so würde sie es nicht leugnen, würde aber immer wieder nur von ihren Qualen erzählen. Wir verstehen: je mehr sie durch den Schmutz anderer gequält wird, desto reiner steht sie da.

»Oft wusch ich mir den ganzen Körper. Seife, die mir zu Boden gerutscht war, benützte ich nicht mehr. Auch die Eltern und die Lina durften sich nicht mehr damit waschen. So häuften sich die heruntergerutschten Seifen bei uns in Menge an.«

»Ich hatte auch bereits eine Anzahl Kleidungsstücke, die ich nicht mehr anziehen konnte. Einige davon trug die Mutter. Sie durfte mir aber damit nicht in die Nähe.«

»Zu Hause hatte ich immer ein altes zerrissenes Dirndlkostüm an, das aus einer grünen zerschlissenen Schoß und einer roten, mir viel zu engen Bluse bestand. An den Füßen trug ich meine böhmischen Hausschuhe – die hätte ich am liebsten gar nicht ausgezogen. So saß ich wie Aschenbrödel in einem Winkel der Küche auf meinem angestammten Sitz, dem kaputten Fauteuil mit den rostigen Nägeln – vor

mir alle diese Dinge, die ich zum Teufel wünschte, deren bloße Gegenwart mir schon Unglück zu verkünden schien – all diese Gegenstände, die von der Berührung durch die Bewohner der vermaledeiten Gassen und Gegenden behext waren – draußen aber drohten mit ihrem bösen Zauber Kanalgitter, Straßen, Häuser, Gaskandelaber, Cafés, Tramways, Geschäfte – Gefahr. Unheil, Verderben auf Schritt und Tritt . . .«

»Ich wurde ungewöhnlich spät unwohl.«

»Alle meine Freundinnen waren es schon längst. Die Olga zum Beispiel wurde es mit vierzehn Jahren. Daran erinnere ich mich genau. Eines Tages nahm sie mich geheimnisvoll zwinkernd bei der Hand, führte mich in ihr Kabinett und hob plötzlich ihre Röcke in die Höhe. An ihrer Unterhose klebten Blutflecken.

»›Was sagst Du dazu?‹ fragte sie stolz.

»Ich war ganz niedergeschlagen und beschloß, ihr in zwei Wochen einzureden, ich sei auch schon so weit.«

»Auch später machte ich meinen Freundinnen immer weis, ich hätte schon die Periode. Aber Jahr um Jahr verging und sie kam nicht.«

Für das Ausbleiben der Menstruation werden wir wohl eine angeborene, in dieser Zeit noch nicht überwundene Schwäche der Genitaldrüsen verantwortlich machen müssen, die sich wahrscheinlich auch sonst im Körperlichen geltend gemacht hat.

Die Genitalfunktion als Triumph! Dies zeigt wohl deutlich genug, wie weit die mißbräuchliche Verwendung aller Triebe und Funktionen im Falle der Neurose geht.

»Die Eltern waren sehr besorgt deshalb und ließen mich durch einen Arzt untersuchen. Der verordnete heiße Bäder.«

»Als ich nun endlich mit siebzehn Jahren zum erstenmal ein wenig unwohl wurde, lief ich gleich zum Vater und teilte es ihm mit. Voller Freude umarmte er mich und rief:

›Jetzt bist Du endlich ein erwachsenes Mädel! Jetzt bist Du kein Kind mehr! Das müssen wir feiern!‹«

»Und am Abend wurde auch wirklich mein erstes Unwohlsein durch ein gutes Nachtmahl eingeweiht.« –

»Ich hatte oft einen schweren Traum. Mir träumte, daß der Vater oder die Mutter sehr krank seien. Weinend und mit Gewissensbissen wachte ich mitten in der Nacht auf und konnte lange nicht einschlafen. Und während ich mich im Bett hin und her wälzte, nahm ich mir vor, mich zu ändern, die Eltern bei ihrer Arbeit zu entlasten, dem Vater Wege zu besorgen, der Mutter im Hause mitzuhelfen.«

Nahezu alle Kinder träumen gelegentlich vom Tod oder von schweren Krankheiten der Eltern. Dies vorschnell als Todeswunsch zu deuten, ist Vorrecht einer schablonenhaften, insinuierenden Psychologie. Gelegentlich trifft es zu. Wir werden uns aber zu einer solchen Deutung nur entschließen, wenn die begleitende Stimmung im Traume dafür spricht und vor allem, wenn die sonstige Haltung des Träumers diese Deutung rechtfertigt. Eine Milderung dieser Todeswunschregung kann gelegentlich darin gefunden werden, wenn trotz der stark antagonistischen Haltung gegen die Eltern solch ein Traum unter starker Bedrückung und Trauer abläuft. Dies wäre ein Zeichen dafür, daß der Kampf des Kindes gegen die Eltern doch nicht so weit geht, den auftauchenden Gedanken an den Tod glatt zu bejahen.

Meistens aber liegt dieser Traum reinlich auf der Linie des Voraussehens in die Zukunft. Was wird sein, wenn meine Eltern sterben?

In unserem Falle ist ganz offenbar, daß dieses Mädchen bange um ihre Zukunft ist. Ihre Eltern braucht sie für ihr Herrschaftsgefühl. Und obgleich sie im folgenden betont, der oft wiederkehrende Traum habe für den Tag keinen Eindruck hinterlassen, ist kein Zweifel daran, daß die im Traum erzeugte Stimmung und die häufige Wiederholung desselben — ein deutliches Gefühlstraining — eine Milderung ihrer Haltung gegenüber den Eltern zustande gebracht haben. Dieser Traum ist demnach durch einen gewissen Grad des Gemeinschaftsgefühls, des Interesses für die Eltern, gekennzeichnet.

»In der Früh aber war alles wieder vergessen. Der Tag, das Licht, der Morgen wuschen mir das bange Gefühl weg.«

»In der Zeit hatte ich auch einen entsetzlichen Kummer. Obwohl erst siebzehn Jahre alt, kam ich mir so furchtbar alt vor. Ich überlegte bereits ernstlich, ob es nicht das Beste wäre, mich umzubringen. Denn sagte ich mir, die Jahre entfliehen, und das Unglück naht mit Riesenschritten.«

»Ich gab auch niemand mein wahres Alter an.«

»Besonders vor dem Einschlafen überkamen mich immer solche Gedanken. Manchmal auch schreckte ich aus dem Schlaf auf, mein Alter fiel mir ein und ich dachte mir: ›Wie schön wäre es, erst auf die Welt zu kommen!‹«

So alt, und noch nichts für die Unsterblichkeit getan!

Die hieher gehörigen Gedanken rühren sichtlich auch an das Liebesproblem, für das sie sich infolge ihrer übertriebenen Herrschaftsgelüste nicht vorbereitet fühlt.

Dann blickt sie zurück in die paradiesische Zeit der ersten Kindheit, wo sie, verzärtelt, tatsächlich die unumschränkte Herrschaft besaß und keinen neuen Fragen gegenüberstand.

»Der Vater war schon jahrelang herzkrank. In seinem neunundfünfzigsten Lebensjahr verschlimmerte sich plötzlich das Leiden.«

»Oft sprang er nachts aus dem Bett, stürzte zum Fenster und rang nach Luft. Auch tags befiel ihn häufig Atemnot. Dann hörte er auf zu arbeiten und ließ sich von der Mutter auf die Straße führen:«

»Bisher hatte er während seiner Arbeit nie auch nur kurze Zeit pausiert. Jetzt legte er sich immer nach dem Essen eine Stunde im Kabinett nieder. Allmählich schien er alles Interesse für seine Familie zu verlieren. Bloß hie und da hörte man ihn klagen, er mache sich Sorgen wegen mir. Ich lebte ja wie ein Kind in den Tag hinein, und es war kein Geld im Haus. Der Vater fühlte es und sprach es auch aus, daß er nicht mehr lange zu leben hätte. Ich konnte aber den Ernst seiner Krankheit nicht erfassen. Daß er gar sterben könne — daran dachte ich nie.«

»Bald war er kaum mehr imstand, sich auf den Beinen zu erhalten. Die Lina und der Arzt mußten ihm Injektionen geben. Hernach war er jedesmal wieder frisch. Lange aber dauerte eine solche Besserung nie an.«

»Voller Unruhe saß der Vater im Bett. Ohne seine Schneiderei hielt er es nicht aus. Meine Schwester, die sich einen Urlaub genommen hatte, pflegte ihn und wachte abwechselnd mit der Mutter bei ihm. Ich blieb immer bis gegen elf wach, dann überwältigte mich die Müdigkeit, und ich mußte schlafen gehen.«

»Als Schutz vor der Kälte bekam der Vater einen breiten grauen Shawl umgebunden, der unglücklicherweise zu den Gegenständen gehörte, die ich um keinen Preis berührt hätte. Vergebens bat ich die Mutter, doch etwas anderes zu nehmen. Sie meinte, grad dieses Tuch sei das Richtige. So konnte ich den Vater nicht mehr umarmen und küssen, wie ich es so gern getan hätte. Ich scheute mich sogar, ihm zu nahe zu kommen, was ich später oft sehr bereute, obwohl es mir vollkommen unmöglich war, anders zu handeln.«

»Einmal schien es, als würde er sich doch noch erholen. Wir setzten ihn in einen Fauteuil, und er erzählte mir allerhand lustige Streiche aus seiner Jugend. Alle lachten, wir hofften von neuem und fühlten uns wie neugeboren.«

»Doch schon Tags darauf dämmerte er wieder in seiner sitzenden Stellung im Bett dahin.«

»Oft sah ich ihn im Halbschlaf die Handbewegungen eines Nähenden machen. Eines Abends raffte er sich plötzlich auf, taumelte zum Schneidertisch in die Küche und griff mit zitternden Fingern nach einem Rock. Wir nötigten ihn, sich zurückzulegen. Er hatte schon geschwollene Füße.«

»Nun waren ja meine Eltern noch immer nicht verheiratet. Der Mutter ging es nicht aus dem Kopf, daß ich als uneheliches Kind zurückbleiben solle. Als ihr jetzt — dies erfuhr

ich erst später — der Doktor keinen Zweifel mehr über den Zustand des Vaters beließ und sie aufs Ärgste vorbereitete, besprach sie sich mit der Frau Kalupka, der Mutter der Olga. Die lief gleich aufs Pfarramt. Dort wurde ihr mitgeteilt, eine sofortige Trauung — noch am selben Tag, um 8 Uhr abends — sei wohl möglich; dazu bedürfe es nur einer ärztlichen Bestätigung.«

»Die wurde auch gleich beschafft. Dem Vater aber von der bevorstehenden Trauung zu sprechen, fiel der Mutter schwer. Ich erinnere mich folgender Worte von ihr:

›Schau Vater, jetzt sind wir noch immer nicht verheiratet — was wird einmal mit der Klarerl sein?‹«

»Der Vater murmelte nur ganz teilnahmslos ab und zu »ja« und nickte zu allem.«

»Als ich hörte, die Trauung werde noch heute stattfinden und ich zugleich in die Ehe geschrieben wurde, freute ich mich trotz meines Schmerzes. Endlich — ich war bald achtzehn Jahre alt — sollte ich den Namen des Vaters bekommen, sollte ich Macht heißen!«

»Bisher hatte ich diesen Namen immer nur vorgetäuscht.«

»Es wurden zwei Kerzen gekauft, ein Kruzifix von einer Nachbarin, einer alten frommen Frau, ausgeborgt, Weihwasser geholt, ein weißes Tuch hergerichtet. Alle waren in größter Erregung. Ich zitterte am ganzen Körper.«

»Punkt acht kam der Pfarrer mit dem Mesner, der zugleich auch als Zeuge dienen mußte.«

»Während des Aktes blieben die Lina und ich in der Küche.«

»Beim Fortgehen sprach der Pfarrer die Lina und mich an und forderte uns auf, zu ihm beichten zu kommen.«

»Die Zeremonie hatte den Vater sehr angestrengt, zumal er auch hatte beichten und die letzte Ölung empfangen müssen. Die Mutter wollte ihm glauben machen, es ginge ihm gar nicht so schlecht. Erschöpft lispelte er, es sei ihm schon alles recht, man möge ihn nur künftig mit dem Pfarrer verschonen.«

»Als ich einige Tage darauf am Abend bei der Minna war, trat die Mutter herein und sagte traurig, dem Vater sei sehr schlecht, ich möge nach Hause zurückkehren. Frau Kalupka begleitete uns.«

»Der Vater schlummerte im Bett sitzend. Ich setzte mich leise neben ihn. Sein Atem ging schwer und langsam. Dann schlich ich in die Küche.«

»Von Zeit zu Zeit kam die Mutter zu mir herein. Ich ahnte nicht, daß der Arzt ihr gesagt hatte, der Vater werde die Nacht nicht überleben.«

»Auf einmal hörte ich die Mutter schreien:

›Vater, Vater!‹«

»Ich stürzte ins Zimmer und sehe gerade noch den Vater zurücksinken. Die Lina hielt ihn umarmt. Er hatte zum letztenmal geatmet. Ich warf mich über ihn, küßte ihn ab, rief nach ihm, bat ihn um Verzeihung. Ich wollte ihn gar nicht verlassen. Die Lina mußte mich hinausschleppen.«

»In der Küche wurde mir plötzlich übel und ich erbrach.«

Wir sehen hier abermals, daß sie jenem Typus angehört, der auf Erregungen mit nervösen Magen- und Darmstörungen antwortet. Um ein Wort über Verständnis und Behandlung derartiger organotypischer Erscheinungen zu sagen, die auf den Wegen des Sympathicus und Parasympathicus zustande kommen, gelegentlich auch infolge einer höheren Reizbarkeit (Organminderwertigkeit) dieses vegetabilen Nervensystems, so sei hinzugefügt, daß die Reizquelle in diesen Fällen in der seelischen Struktur solcher Personen liegt, in ihrem Lebensstil. Findet sich, wie in diesem Falle, daß die seelische Spannung infolge der übergroßen Begehrlichkeit des Patienten erhöht ist, so ist der ganze Lebensstil in Angriff zu nehmen und zu ändern. Dies kann nur dadurch geschehen, daß man sein Gemeinschaftsgefühl stärkt. Denn in dem Maße, als dies geschieht, wandelt sich seine private Intelligenz in den common sense, er fühlt sich heimisch und einverstanden mit den Problemen des Lebens, mit allen Vor- und Nachteilen desselben, verliert seine Angst, da er nicht mehr wie in Feindesland lebt, und sucht nicht mehr so wie früher sein Wertgefühl in der Meinung der anderen. Da auf der nützlichen Seite des Lebens, fühlt er sich als wertvoller Mensch und sein starkes Minderwertigkeitsgefühl verringert sich bis zu dem Punkt, wo es sich als Antrieb zu nützlichen Leistungen gebrauchen läßt.

»Die Zimmerfenster wurden geöffnet, eine Kerze angezündet. Wir hockten uns in der Küche nebeneinander, weinten und wachten. Als die Frau Kalupka uns verließ, kam eine Nachbarin sie ablösen. Erst bei Morgengrauen legten wir uns nieder. Wir waren schon ganz erstarrt.«

»Beim Erwachen am nächsten Tag lag es wie ein Alp auf mir. — Ich ging zum Vater, streichelte und küßte ihn und richtete ihm die Decke. Er sah so friedlich aus, gar nicht wie ein Toter.«

»Am Abend kamen Männer mit einem Sarg, legten den Vater hinein und trugen ihn fort.«

»Da wir uns zu Hause nicht zu schlafen trauten, übernachteten wir einigemal bei Frau Kalupka. Die Mutter erzählte, sie hätte zwei Nächte vor dem Tod des Vaters ein Gerippe wie in einer Vision gesehen.«

»In der Friedhofkapelle sah ich den Vater zum letztenmal. Sein Körper war nicht verändert. Ich konnte es noch immer

nicht glauben, daß er tot sei. Ich stand da und wartete, daß er die Augen öffne.«

»Fortwährend mußte ich auf den Arbeitstisch des Vaters blicken. Ich konnte es nicht fassen, daß er tot sei. Mir kam der Gedanke, er sei vielleicht nur scheintot.«

»Die Mutter und ich sperrten uns nachts im Kabinett ein. Samstagabend brach der Kabinettschlüssel entzwei, Sonntag am Morgen konnten wir nicht aufsperren. Die Mutter rief durchs Fenster den Hausbesorger herbei und ließ ein Band hinab, an dem alle möglichen Schlüssel angehängt wurden. Aber keiner paßte. Zuletzt gelang es doch, einen Schlosser aufzutreiben.«

»Mir war furchtbar bang nach dem Vater, in einem fort weinte ich.«

»Oft schreckte ich mitten in der Nacht auf; ich bekam keine Luft und mir war zum Sterben traurig. Da weckte ich die Mutter.«

Wir können es dem Mädchen nachfühlen, wie schwer ihr die Trennung vom Vater wurde. War er doch zeitlebens das Piedestal, auf dem sie ihren Triumph aufgebaut hatte. Nun muß ihr die Mutter ihn ersetzen, sofern sie dazu geeignet ist.

»Dann träumte ich, daß ein Hund mit einem Beißkorb sich in mich hereinbohre, seine Schnauze in mir umdrehe. Und dabei verspürte ich einen entsetzlichen Schmerz. Da machte ich schnell Licht und schaute nach, ob ich blutete oder verletzt sei, fand aber nichts. Dieser Traum wiederholte sich häufig.«

»Oft sah ich auch am Fuß meines Bettes einen langen Mann mit einem Bart stehen – und wachte zu Tode erschrocken auf. So deutlich sah ich ihn, als wäre es wirklich gewesen.«

»Und dann sah ich eine Blume, die sehr langsam in die Höhe stieg und sich mir zuneigte – eine einzelne Blume mit fünf Blättern wie Finger. Und ich erwachte voller Angst.«

Diese drei Träume eindeutig zu verstehen, würde wohl nur gelingen, wenn uns das Mädchen aus ihren Gedanken und Erinnerungen näheren Aufschluß gäbe. Immerhin haben wir zwei gewichtige Stützpunkte. Wir kennen ihre Gangart, ihre sie drückenden Probleme, und wir können die Stimmung verstehen, die aus ihren Träumen erwächst. Ihre Träume müssen richtig verstanden, den Weg zeigen, den sie abseits von der Logik und vom common sense zu ihrem Ziel der Überlegenheit wie eine Brücke benützt. Und in dieselbe Richtung müssen die Stimmungen weisen, die aus den Träumen entspringen.

Zum ersten Traum: wir finden im Leben dieses Mädchens als gegenwärtiges Hauptproblem die Liebesfrage. Ihr Ziel ist, wie sie einer Vereinigung mit einem Mann entrinnen könne. Daß sie in dem Hund einen Mann auftreten läßt, ist eine gesicherte

Annahme. Wir können eine derart gesteigerte Entwertungstendenz in Träumen häufig antreffen. Dieses Mädchen, das auch schon an früheren Stellen dieser Lebensgeschichte ihre Entwertungstendenz klar gezeigt hat, das, wie früher zu lesen, auch gelegentlich einen Mann einen Hund genannt hat, macht es uns nicht schwer, zu dieser Annahme zu gelangen. — Der Beißkorb ist etwas verwirrend. Wenn wir uns aber erinnern, daß sie immer bestrebt war, den Männern den Beißkorb anzulegen, sich einen Scherz mit ihnen zu erlauben, Gefahren auszuschalten und irgendwie den Konsequenzen auszuweichen, so ist unsere Aufmerksamkeit mehr darauf gerichtet, daß ihr »ja — aber« eine Verstärkung in dem »ja«, doch zugleich eine Verstärkung in dem »aber« erfahren hat. Denn der Schmerz und die Angst, verletzt, blutend zu sein, wie sie in der Stimmung während des Schlafes und nachher auftauchen, geben der Vermutung Raum, daß auch alle Sicherheitsvorkehrungen ihr als ungenügend erscheinen.
Der zweite Traum, ebenfalls öfters wiederholt, läßt bloß soweit Schlüsse zu, annehmen zu können, daß sie in der Stimmung des Traumes mit einem Manne beisammen ist. Letzterer scheint — zur Vorsicht — gleichfalls nicht sympathisch gezeichnet. Diesen Mann zu identifizieren ist an dieser Stelle nicht möglich. Doch bestätigt dieser zweite Traum einigermaßen die Schlußfolgerungen, die aus dem ersten Traum gezogen wurden.
Der dritte Traum ist mehrdeutig. Wir würden bloß so weit gehen, anzunehmen, daß hier die Situation gemalt ist, wie eine Hand nach ihr greift. Auch hier finden wir wieder die drohende Annäherung und die tendenziöse Erzeugung von Angst, die das Leben dieses Mädchens als eines verzärtelten Kindes deutlich genug charakterisiert.

Namen- und Sachregister

Funk-Kolleg

Band 1
Wissenschaft und Gesellschaft
Hrsg. v. Gerd Kadelbach
(6100)

Band 2
Volkswirtschaftslehre
Karl Häuser (6101)

Band 4
Rechtswissenschaft
Rudolf Wiethölter (6103)

Band 5
Neuere Geschichte
Paul Kluke (979)

Band 6
Soziologie
Walter Rüegg (6105)

Band 7/8/9
Erziehungswissenschaft 1/2/3
Wolfgang Klafki u. a.
(6106/6107/6108)

Band 10/11
Mathematik 1/2
H. Heuser und
H. G. Tillmann (6109/6110)

Band 12/13
Sprache 1/2
Eine Einführung in die moderne Linguistik
(6111/6112)

Band 14/15
Reader zum Funk-Kolleg
Pädagogische Psychologie
(6113/6114)

Band 16/17
Pädagogische Psychologie
F. E. Weinert/C. F. Graumann/H. Heckhausen/
M. Hofer
(6115/6116)

Hans Zulliger.

Heilende Kräfte im kindlichen Spiel

Zulliger zeigt, wie das Spiel der Kinder seelische Störungen zu heilen vermag.
(Band 6006)

Helfen statt strafen

auch bei jugendlichen Dieben

Hier wird aufgezeigt, welche Wege beschritten werden müssen, um Diebstählen vorzubeugen oder diebische Kinder zu heilen.
(Band 6037)

Umgang mit dem kindlichen Gewissen

Die Ausbildung der kindlichen Gewissensanlage gehört zu den entscheidenden Faktoren der Erziehung.
(Band 6074)

Die Angst unserer Kinder

Zehn Kapitel über Angstformen, Angstwirkungen, Vermeidung und Bekämpfung der kindlichen Angst.
(Band 6098)